아이가 주인공인 책

아이는 스스로 생각하고 성장합니다.
아이를 존중하고 가능성을 믿을 때
새로운 문제들을 스스로 해결해 나갈 수 있습니다.

길벗스쿨의 학습서는 아이가 주인공인 책입니다.
탄탄한 실력을 만드는 체계적인 학습법으로
아이의 공부 자신감을 높여줍니다.

가능성과 꿈을 응원해 주세요.
아이가 주인공인 분위기를 만들어 주고,
작은 노력과 땀방울에 큰 박수를 보내 주세요.
길벗스쿨이 자녀 교육에 힘이 되겠습니다.

주어부터 3문장까지 초등 기초 글쓰기 완벽 훈련!

초등 글쓰기
무작정 따라하기
첫걸음 편

정답 및 참고 답안집

길벗스쿨

이 책을 보시기 전에

1 아이의 상상력을 최대한 존중해 주세요.

본책의 문제 중에는 정답이 정해진 문제들도 있지만 아이들 스스로 상상력을 발휘하여 써야 하는 문제들이 훨씬 많습니다. 그러한 문제들은 아이들의 상상력을 더 많이 배려하며 존중해 주세요.

2 아이의 자신감을 많이 북돋워 주세요.

글쓰기는 딱히 정답이 없는 경우가 많으므로 아이가 쓴 글이 혹시 많이 부족해 보이시더라도 일단 칭찬해 주시고, 자신감을 키워 주시는 과정이 중요합니다.

3 참고 답안은 일부 지도용으로만 활용하세요.

아이가 스스로 상상하여 문장을 잘 쓰면 굳이 참고 답안을 알려 주실 필요는 없습니다. 아이가 생각하기 힘들어하고, 문장을 잘 떠올리지 못할 때 부모님께서 지도용으로만 참고하시기 바랍니다.

4 정답을 크게 보시려면 홈페이지의 자료를 활용하세요.

혹시 정답 내용이 작아서 잘 안 보이실 경우를 대비하여 길벗스쿨 홈페이지(www.gilbutschool.co.kr)에 PDF 자료를 올려 놓았습니다. 보기가 불편하신 분들은 홈페이지에 접속하셔서 검색창에 〈초등 글쓰기 무작정 따라하기: 첫걸음 편〉을 입력하신 후 정답 및 참고 답안에 대한 PDF 자료를 다운로드하셔서 PC 화면으로 참조해 주시기 바랍니다.

🔍 초등 글쓰기 무작정 따라하기: 첫걸음 편   [검색]

초등 글쓰기
무작정 따라하기
첫걸음 편

본책 답안

1장 ㅣ 문장의 요소 익히기	4
2장 ㅣ 기본 문장 익히기	6
3장 ㅣ 꾸밈 문장 만들기	9
4장 ㅣ 문장 이어 쓰기	17
5장 ㅣ 실전 문장 쓰기	27

1장
문장의 요소 익히기

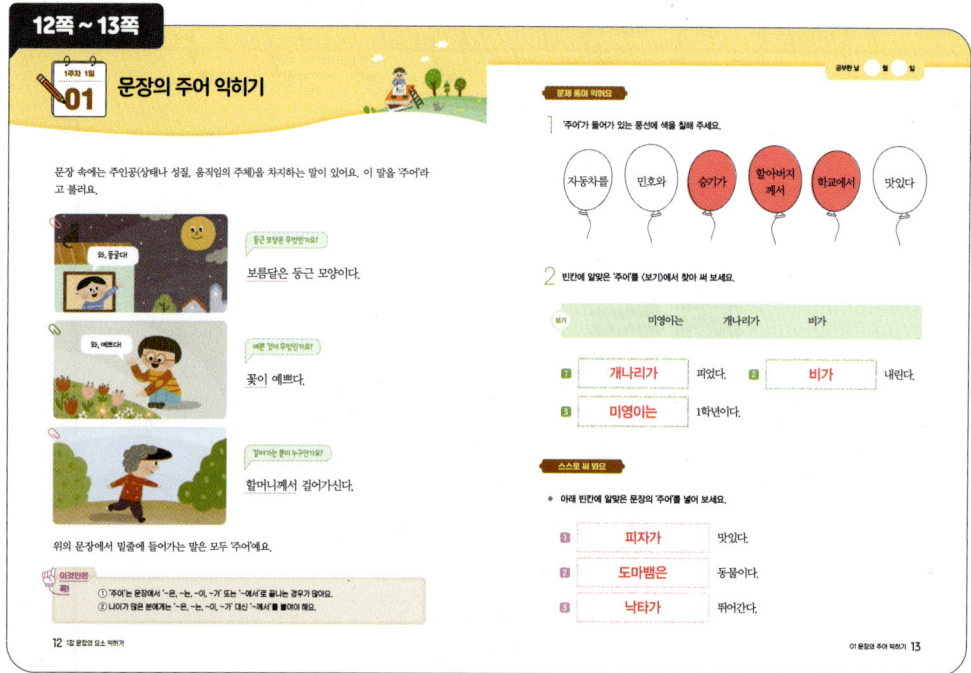

추가 예시 〔스스로 써 봐요〕 ① 짜장면이 맛있다. ② 얼룩말은 동물이다. ③ 누나가 뛰어간다.

〔도움말〕 〈스스로 써 봐요〉는 아이가 다양한 답을 할 수 있는 문제입니다. 이러한 문제는 아이 스스로 답을 적도록 하고, 정답에 제시된 문장은 아이가 읽어 보도록 도와주세요.

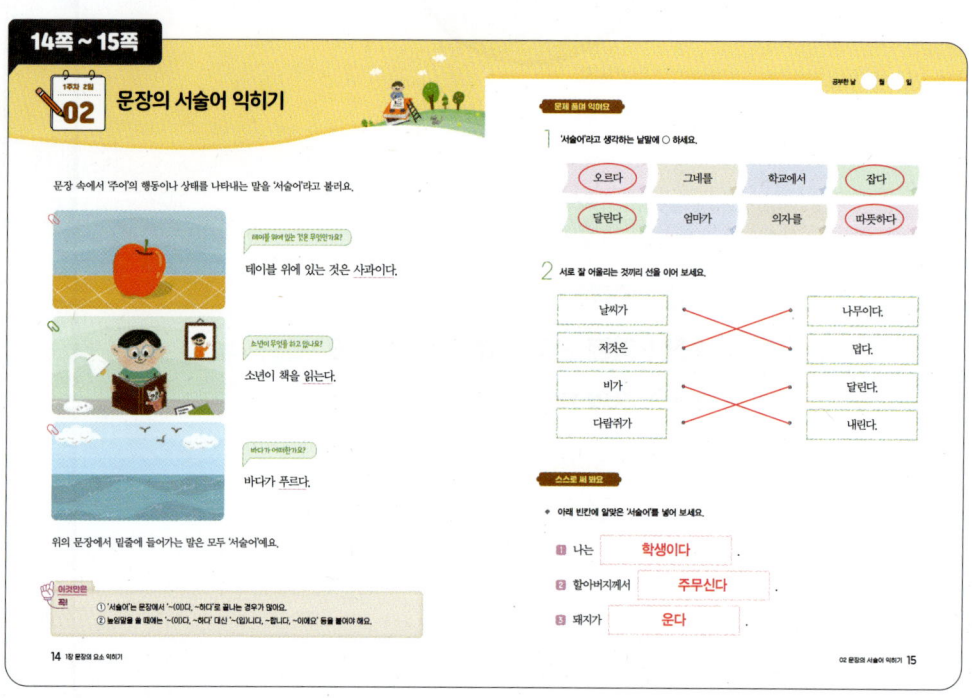

추가 예시 〔스스로 써 봐요〕 ① 나는 용감하다. ② 할아버지께서 오신다. ③ 돼지가 뚱뚱하다.

4

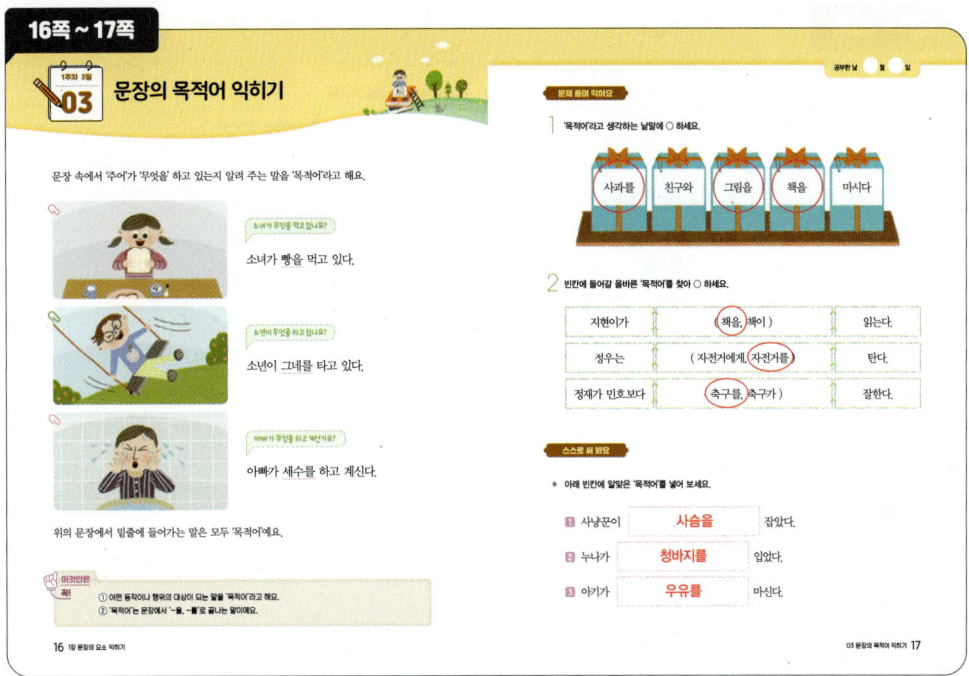

추가 예시 **스스로 써 봐요** ① 사냥꾼이 멧돼지를 잡았다. ② 누나가 원피스를 입었다. ③ 아기가 물을 마신다.

도움말 추가 예시는 아이가 자신의 생각을 문장으로 나타내기 전이나 후에 반드시 소리 내어 읽어 보는 것을 추천합니다.

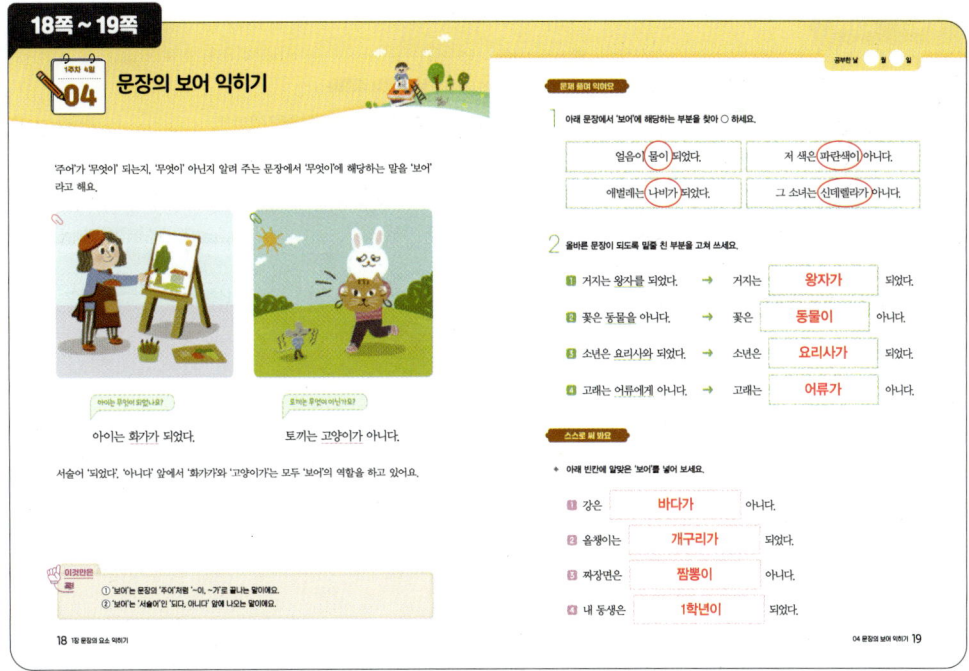

추가 예시 **스스로 써 봐요** ① 강은 호수가 아니다. ② 올챙이는 청개구리가 되었다. ③ 짜장면은 탕수육이 아니다. ④ 내 동생은 영웅이 되었다.

2장 기본 문장 익히기

추가 예시 　**스스로 써 봐요** 　**2** 티라노사우루스는 공룡이다. | 까마귀는 새(이)다. | 메기는 물고기(이)다. ← 모음으로 끝나는 단어 뒤에는 '~이다'와 '~다' 모두 올 수 있습니다.

도움말 　주어에는 '무엇이(가)'뿐만 아니라 '무엇은, 누가, 누구는' 등의 다양한 주어의 형태가 들어가지만 편의상 빈칸에 있는 지시 문구에서는 '무엇이(가)'로 통일했습니다.

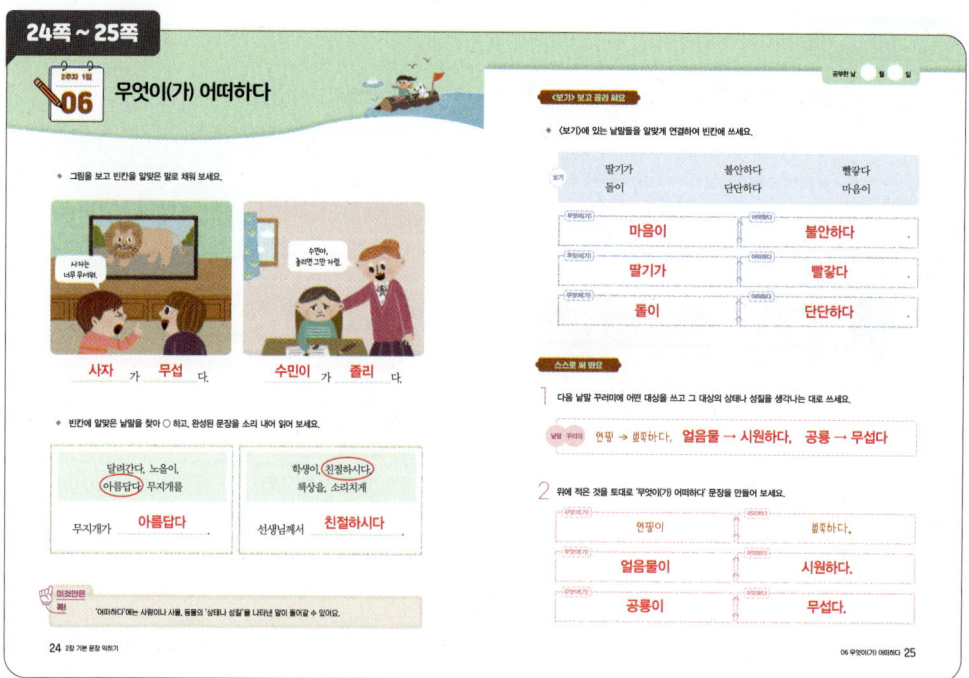

추가 예시 　**스스로 써 봐요** 　**2** 날씨가 춥다. | 수염이 길다.

도움말 　낱말이 '어떠하다'에 해당하는지 알아보기 위해서는 낱말을 사전에서 찾아보면 됩니다. 사전에서 '어떠하다'는 '형용사'라고 표기되어 있습니다.

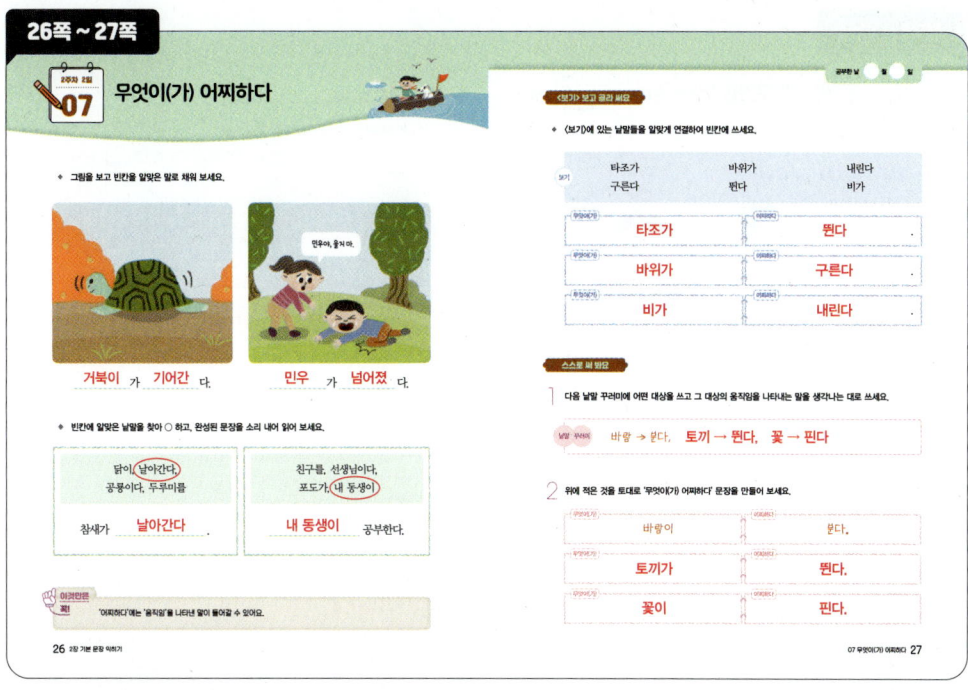

추가 예시 스스로 써 봐요 **2** 비행기가 난다. | 땅이 흔들린다.

도움말 낱말이 '어찌하다'에 해당하는지 알아보기 위해서는 낱말을 사전에서 찾아보면 됩니다. 사전에서 '어찌하다'는 '동사'라고 표기되어 있습니다.

추가 예시 스스로 써 봐요 **1** 알이 병아리가 된다. | 여름이 가을이 된다. **2** 커피는 우유가 아니다. | 게임은 공부가 아니다.

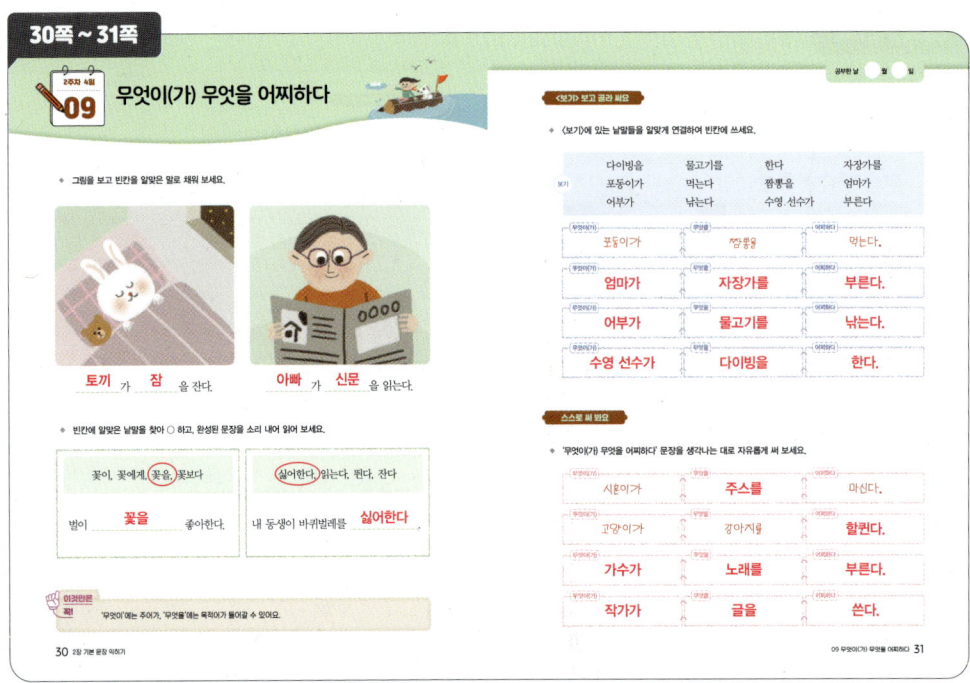

추가 예시 - 스스로 써 봐요: 사냥꾼이 활을 쏜다. | 엄마가 아빠를 사랑한다. | 소방관이 불을 끈다.

도움말: '〈보기〉 보고 골라 써요' 코너의 문장 순서는 정답의 순서와 달라도 상관없습니다.

도움말: 문장에서 부사의 위치는 자유롭게 바뀔 수 있습니다. '사육사가 먹이를 판다에게 준다. / 사육사가 판다에게 먹이를 준다. / 판다에게 사육사가 먹이를 준다.' 등 여러 가지 문장이 모두 정답이 될 수 있습니다.

3장 꾸밈 문장 만들기

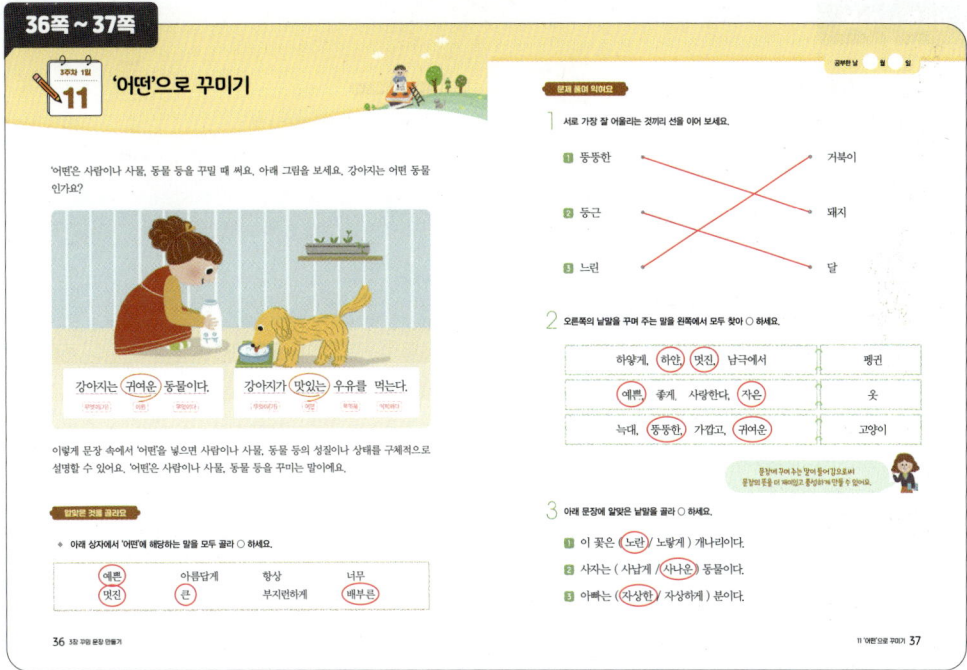

도움말 아이가 재미있는 표현을 위해서 정답이 아닌 꾸밈말을 썼더라도 이유를 물어봐서, 그 이유가 타당하면 정답으로 처리합니다.

추가 예시 〈스스로 써 봐요〉 2 아빠가 푹신한 소파를 샀다.

도움말 꾸미는 말을 빼도 문장에 이상은 없습니다. 아이에게 꾸밈말을 빼고 문장을 읽어 주면 꾸밈말이 문장을 표현하는 데 어떤 도움을 주는지 아이가 쉽게 이해할 수 있습니다.

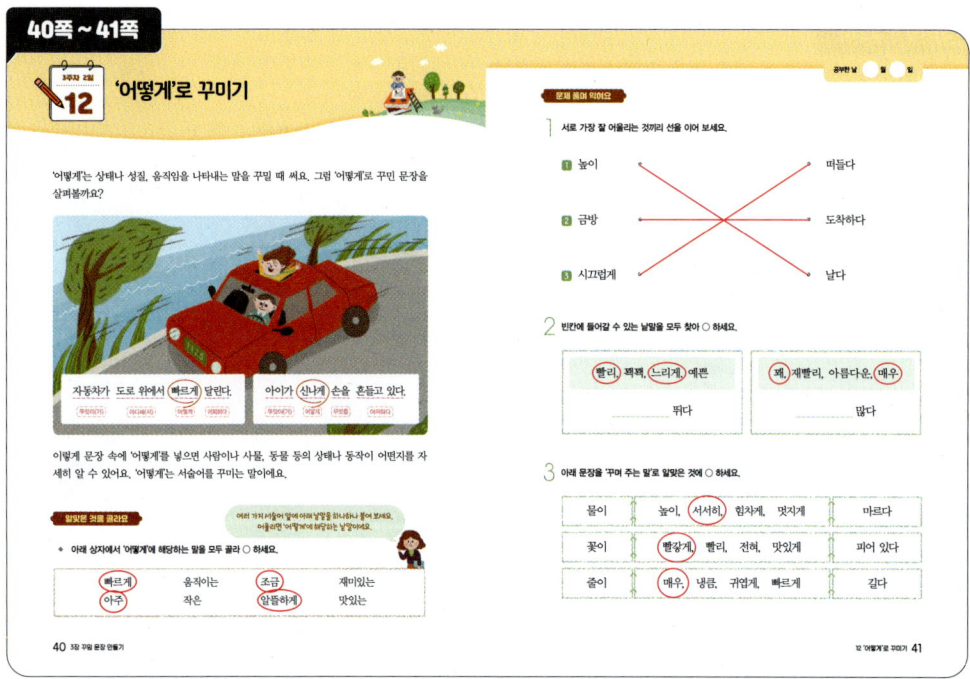

44쪽 ~ 45쪽

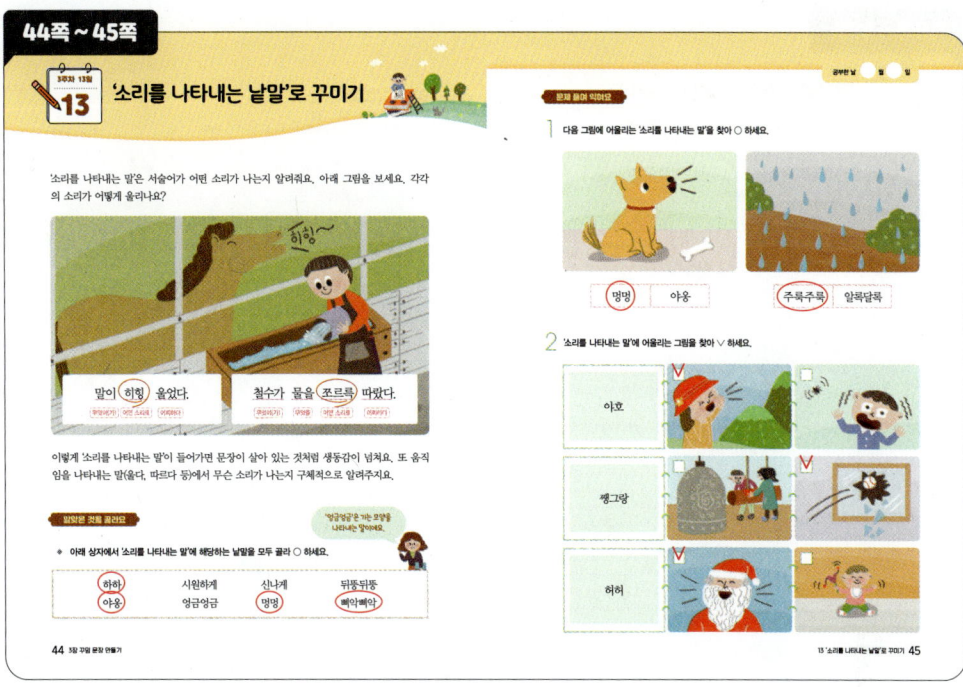

도움말 소리를 나타내는 낱말을 사전에서 찾으면 그 의미를 정확히 알 수 있습니다. 소리를 나타내는 낱말은 '부사'이며, 사전의 설명 안에 '소리'라는 낱말이 포함되어 있습니다. (예시) 멍멍: 〈부사〉 개가 짖는 소리)

46쪽 ~ 47쪽

도움말 아이는 '소리를 나타내는 낱말'을 소리가 들리는 대로 적을 수 있습니다. 그때에도 정확성을 강조하기보다는 왜 그렇게 적었는지 물어보고 아이의 표현을 인정해 줍니다.

도움말 모양을 나타내는 낱말을 사전에서 찾으면 그 의미를 정확히 알 수 있습니다. 모양을 나타내는 낱말은 '부사'이며, 사전의 설명 안에 '모양'이라는 낱말이 포함되어 있습니다. (예시) 솔솔: 〈부사〉 바람이 보드랍게 부는 모양)

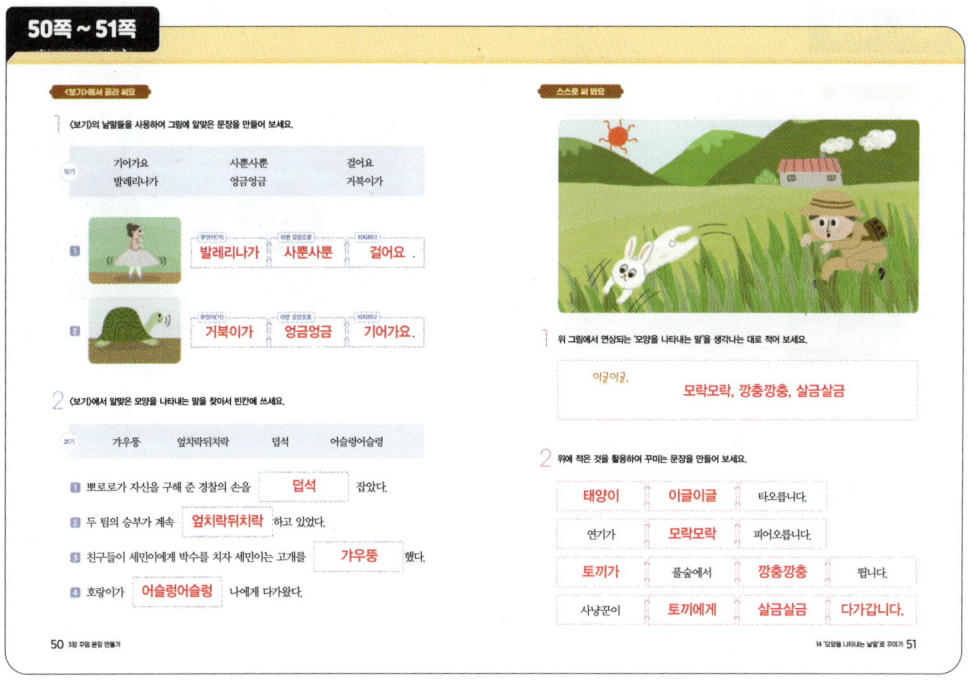

도움말 아이가 '모양을 나타내는 낱말'을 자기 마음대로 적었다 하더라도 정확성을 강조하기보다는 왜 그렇게 적었는지 물어보고 아이의 표현을 인정해 줍니다.

도움말 문장에서 '부사(어디에(서))'의 위치는 자유롭게 바뀔 수 있습니다. '배에서 낚시꾼이 낚시를 하고 있다. / 낚시꾼이 낚시를 배에서 하고 있다.' 등 여러 가지 문장이 모두 가능합니다.

추가 예시 스스로 써 봐요 1 ① 나는 도서관에서 공부를 했다. | 나는 학교에서 공부를 했다. ② 나는 학교에 야구를 하러 갔다. | 나는 공원에 야구를 하러 갔다. 3 고모가 집에서 책을 읽는다. | 삼촌이 공장에서 일을 한다.

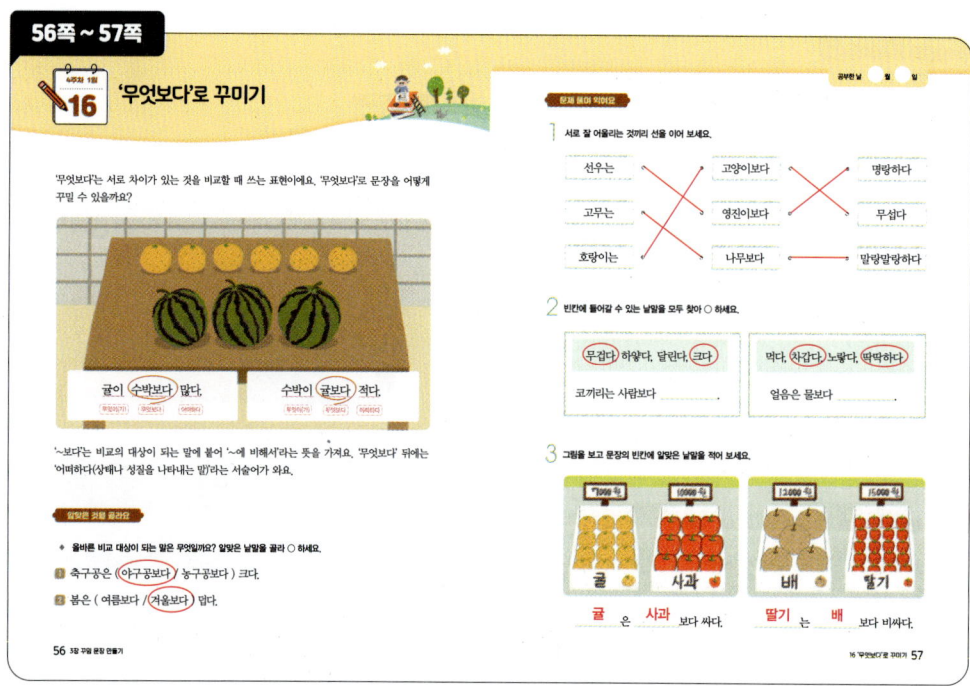

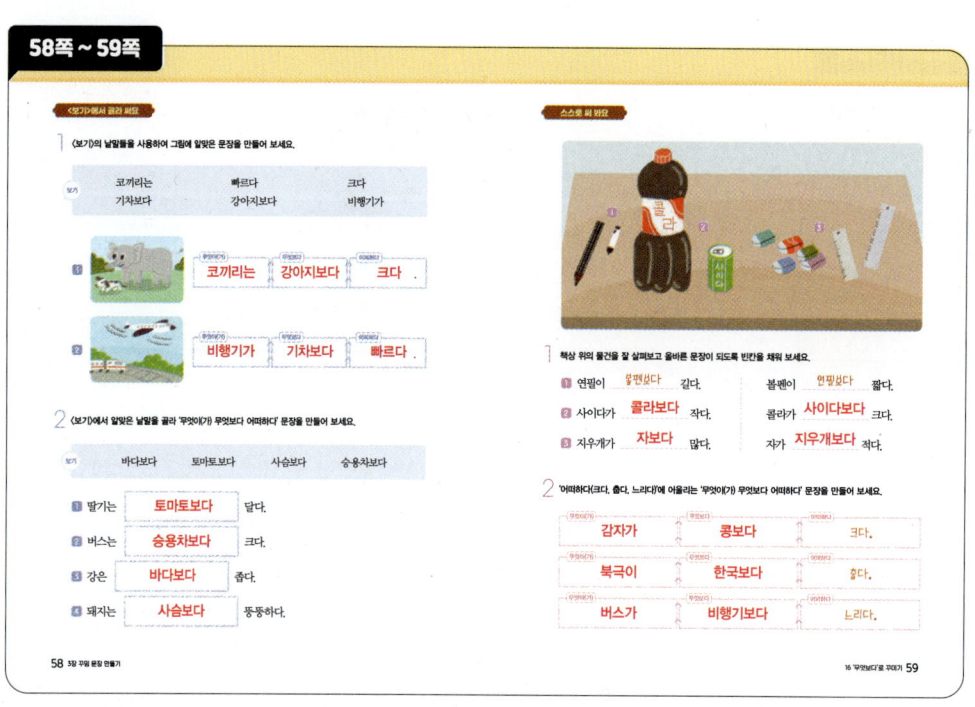

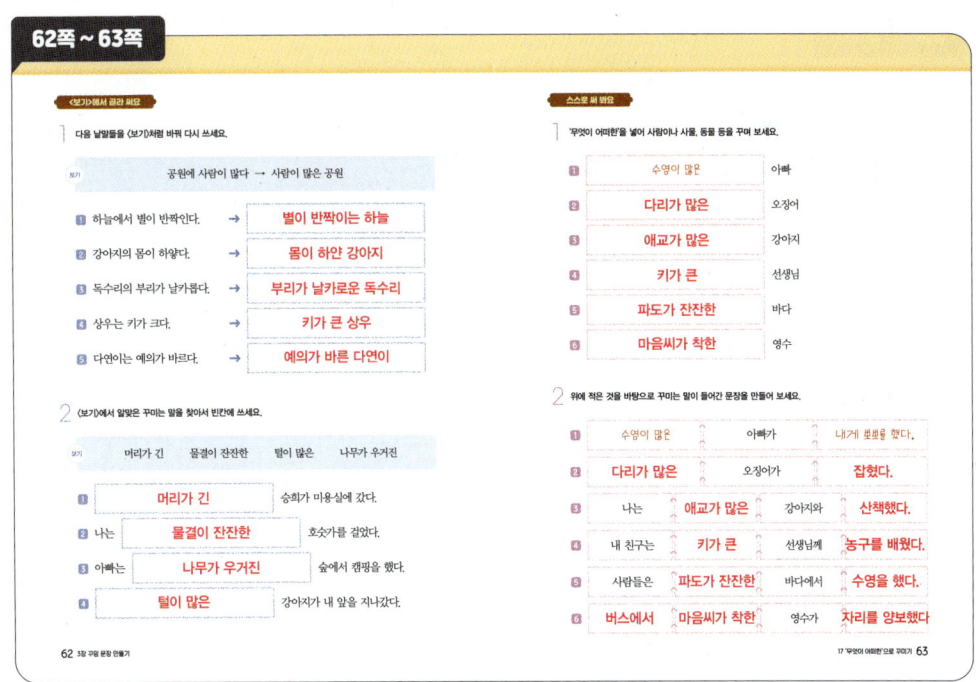

추가 예시 **스스로 써 봐요** 2 ② 어부가 잡은 오징어가 도망쳤다. ③ 나는 몸이 날쌘 강아지와 달리기를 했다. ④ 내 친구는 얼굴이 잘생긴 선생님께 다가갔다. ⑤ 사람들은 파도가 거친 바다에서 물고기를 잡았다. ⑥ 나는 마음이 따뜻한 영수가 좋다.

64쪽 ~ 65쪽

66쪽 ~ 67쪽

추가 예시 **스스로 써 봐요** 2 ② 우유를 마신 아기가 웃었다. ③ 앨범을 발매한 가수가 노래했다. ④ 나는 몸살을 앓는 동생을 간호했다. ⑤ 나는 공원에서 나무를 오르는 고양이를 보았다. ⑥ TV에서 얼룩말을 잡은 사자를 보았다.

4장
문장 이어 쓰기

70쪽 ~ 71쪽

도움말 4장부터는 정답이 있는 문제가 거의 없습니다. 부모님께서는 아이가 쓰는 내용이 문제의 의도와 맞게 썼는지 확인하시면서 아이가 자신만의 창의적인 생각을 가지고 올바른 문장을 이어 썼다면 칭찬해 주세요.

72쪽 ~ 73쪽

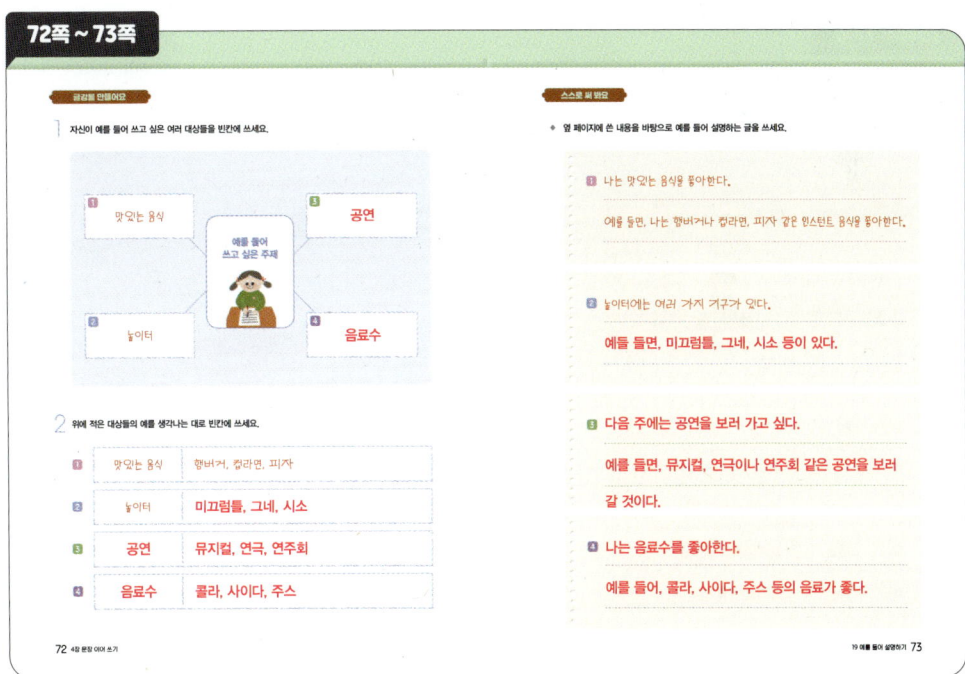

추가 예시 **스스로 써 봐요** 도서관에는 우리가 읽을 수 있는 책이 많다. 예를 들면, 〈흥부와 놀부〉, 〈삼국지〉, 〈강아지 똥〉 같은 책이 있다.

74쪽 ~ 75쪽

추가 예시 | **문장을 이어 써요** 2 〈달리기〉 내 친구는 달릴 때, 치타처럼 빠르다. 〈동생의 착한 마음씨〉 마음씨가 마치 동화 속의 콩쥐 같다. 〈보름달〉 보름달이 마치 갓 구워낸 빵처럼 먹음직스럽다.

76쪽 ~ 77쪽

추가 예시 | **스스로 써 봐요** 나는 학교 숙제를 못했다. 그래서 호랑이처럼 무서운 선생님께 혼날까봐 무섭다.

78쪽 ~ 79쪽

추가 예시 〔문장을 이어 써요〕 2 〈서로 비교하기〉 호동이와 은혜 모두 웃고 있다. 〈서로 대조하기〉 호동이는 가방을 메지 않았지만, 은혜는 가방을 멨다.

80쪽 ~ 81쪽

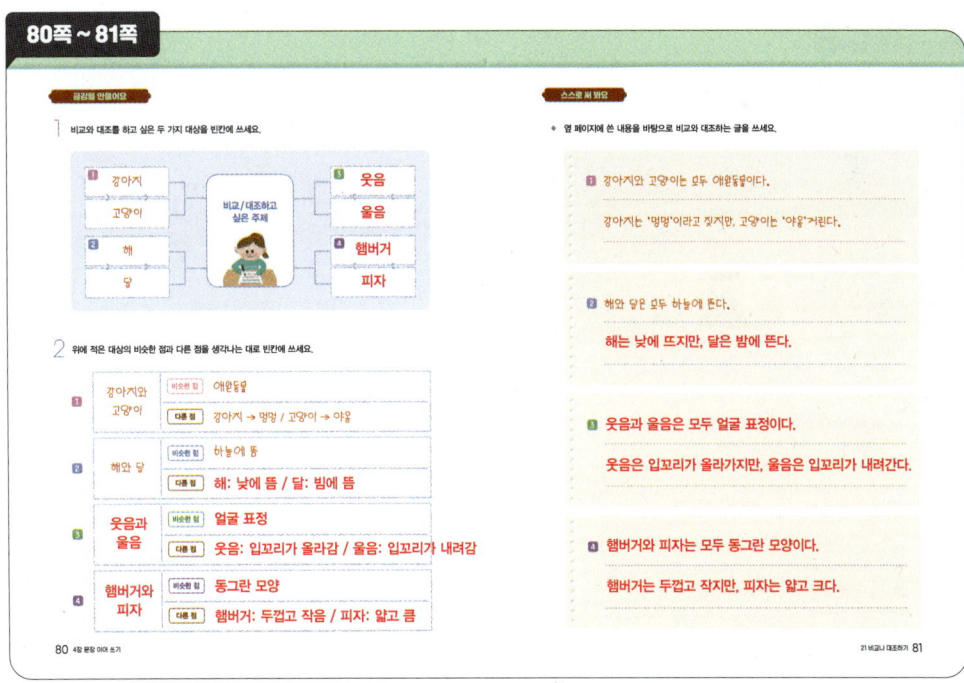

추가 예시 〔스스로 써 봐요〕 하마와 여우는 모두 동물이다. 하마는 몸에 털이 거의 없지만, 여우는 몸에 털이 많다.

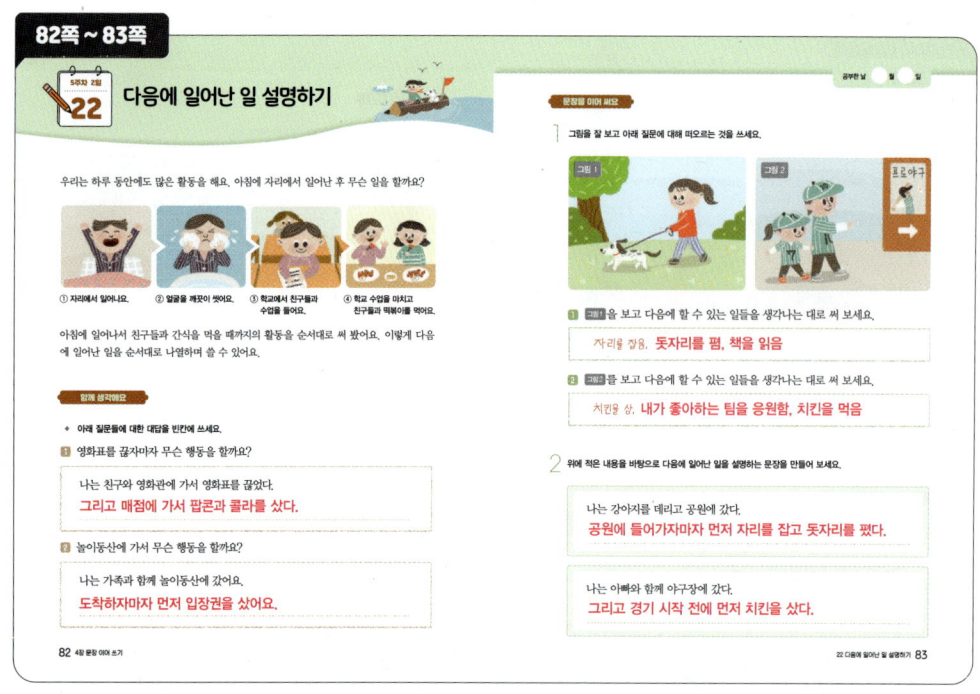

추가 예시 〈문장을 이어 써요〉 2 그리고 나무 밑에 앉아 책을 읽었다. | 그리고 내가 좋아하는 팀을 응원했다.

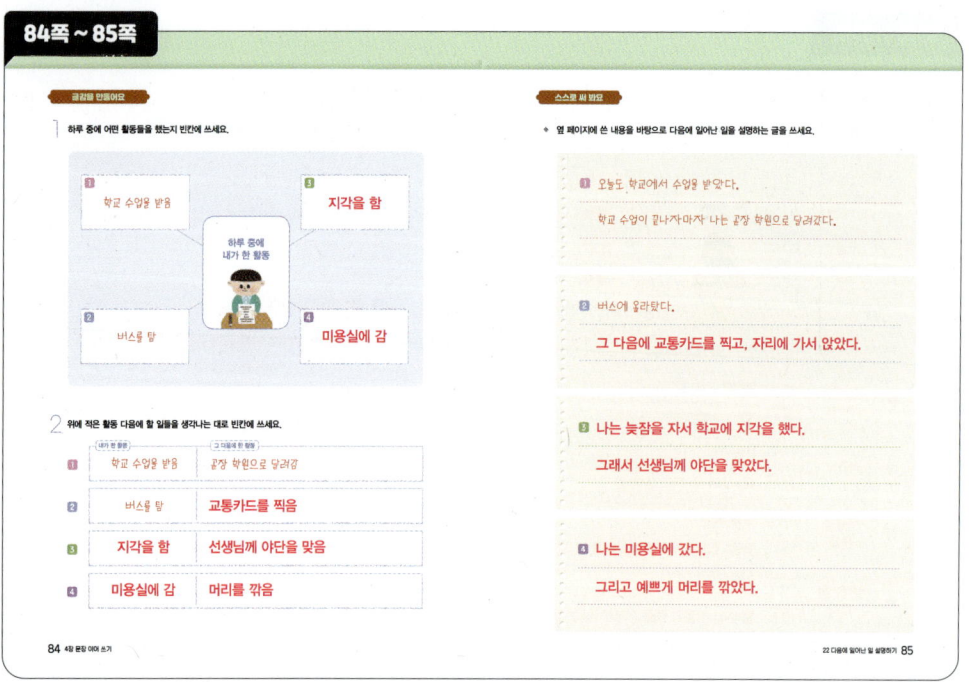

추가 예시 〈스스로 써 봐요〉 체육 시간에 옆 반 아이들과 축구시합을 했다. 나는 골을 터뜨렸고, 친구들에게 칭찬을 받았다.

추가 예시 | 문장을 이어 써요 2 이 경우에는 민호와 영수는 서로 무슨 잘못을 했는지 생각하고, 반성해야 한다. | 이를 해결하기 위해 엄마에게 도움을 요청했다.

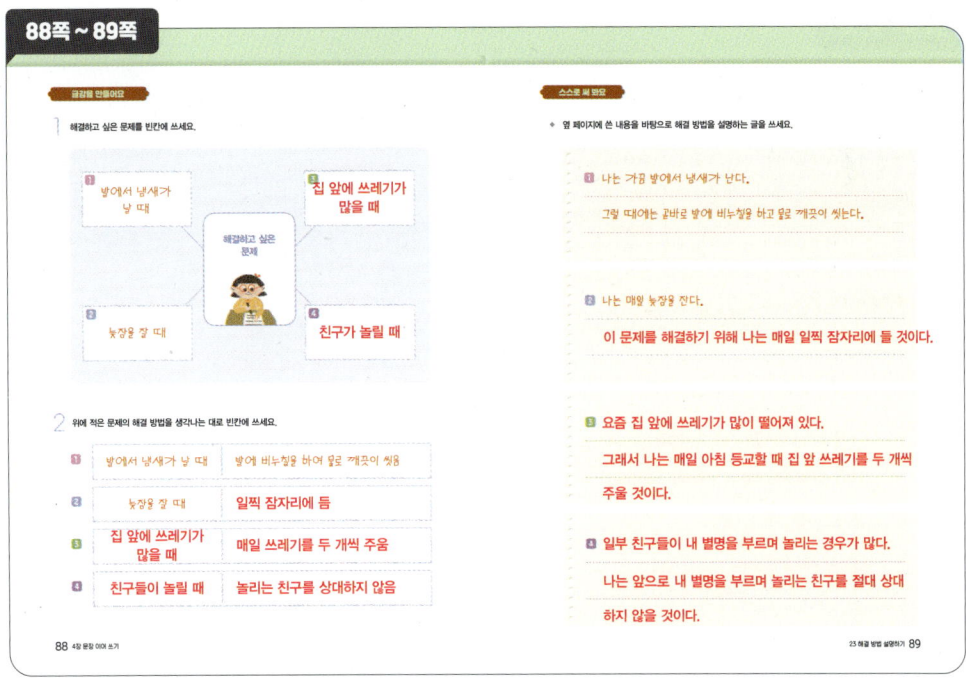

추가 예시 | 스스로 써 봐요 나는 무척 배가 고프다. 배고픔을 해결하기 위해 엄마가 요리해 두신 닭볶음탕을 데워서 밥과 함께 먹을 것이다.

추가 예시 〈함께 생각해요〉 1 나는 산과 바다 중에 바다가 더 좋다. 왜냐하면 바다에 가면 마음이 깨끗해지는 기분이 들기 때문이다. 〈문장을 이어 써요〉 2 왜냐하면 저는 우리 반에서 리더십이 제일 뛰어나기 때문입니다.

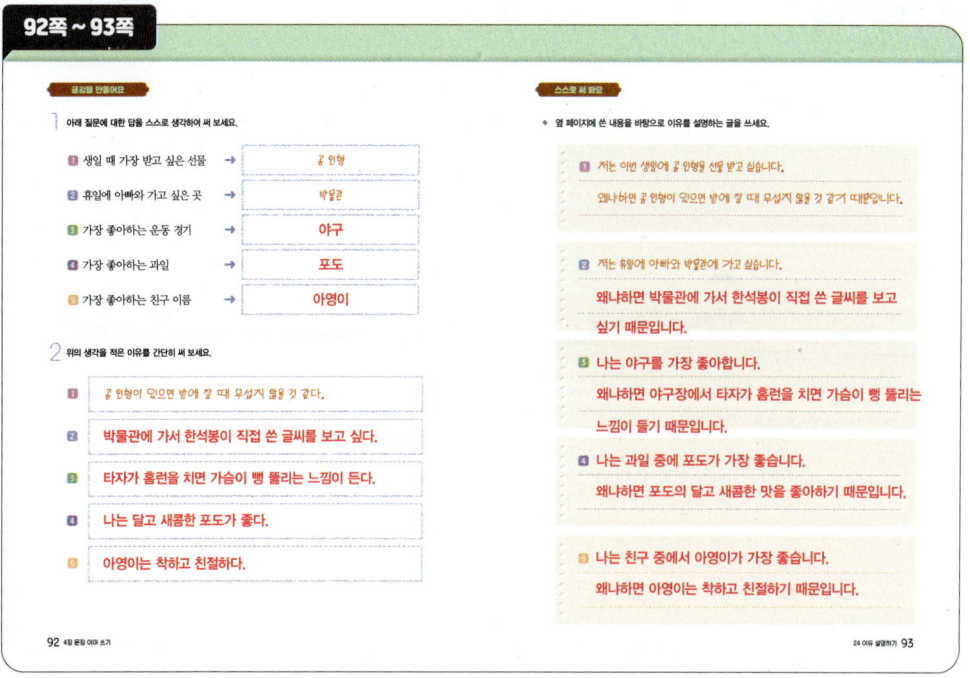

추가 예시 〈스스로 써 봐요〉 나는 휴일에 친구들과 함께 영화관에 가고 싶습니다. 왜냐하면 영화관에 가서 내가 좋아하는 만화영화를 보고 싶기 때문입니다.

94쪽 ~ 95쪽

25. 결과 설명하기

추가 예시
- **함께 생각해요** ① 그래서 내 게임 캐릭터가 레벨 업을 많이 했다. ② 그래서 너무 아파 울음을 터뜨렸다.
- **문장을 이어 써요** 2 그래서 나는 계란을 삶아서 6개나 먹었다. | 그래서 나는 엄마에게 이가 아프다고 말했다.

96쪽 ~ 97쪽

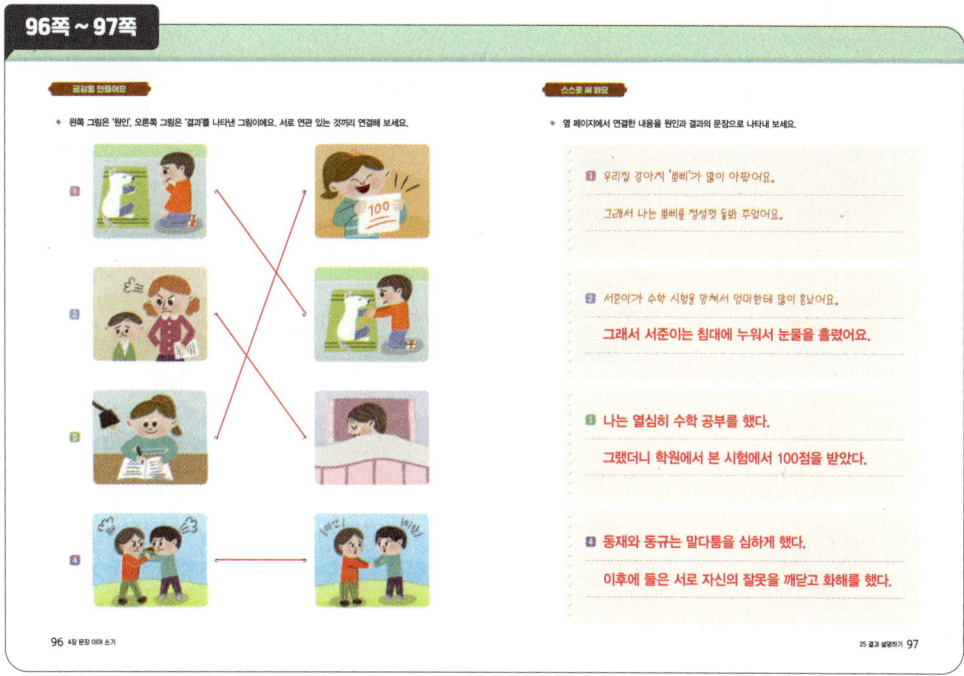

추가 예시
- **스스로 써 봐요** 나는 팥빙수를 많이 먹었다. 그래서 배가 아파 병원에 갔다. | 오늘은 내 생일이다. 엄마는 내가 받고 싶었던 게임기를 선물로 사주셨다.

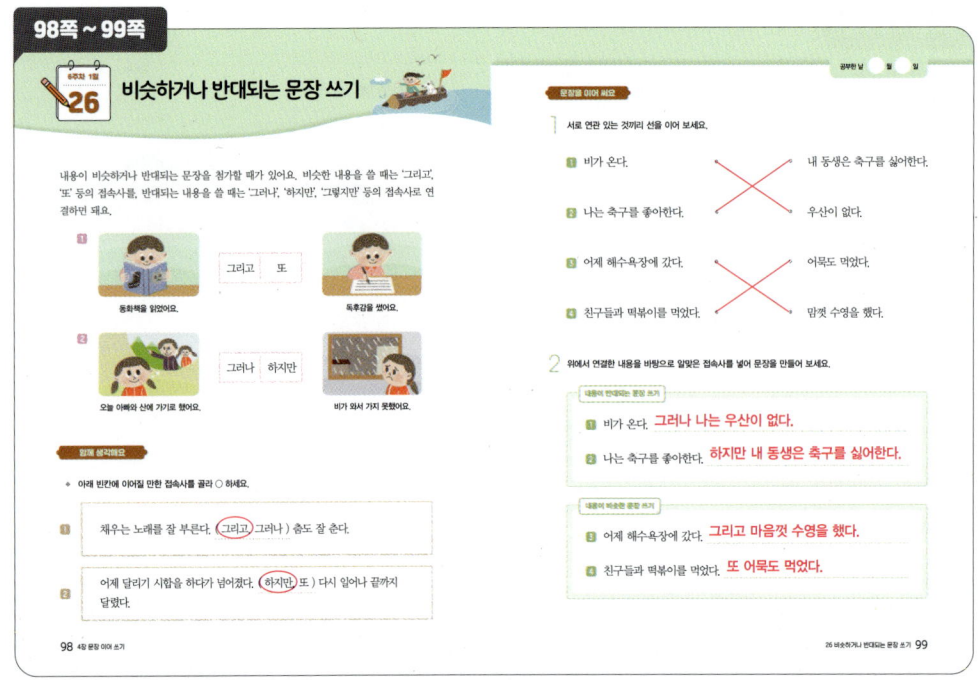

추가 예시 〈문장을 이어 써요〉 2 〈내용이 반대되는 문장 쓰기〉 1 그러나 금방 날씨가 갰다. 2 하지만 나는 야구를 싫어한다. 〈내용이 비슷한 문장 쓰기〉 3 그리고 바다에 들어갔다. 4 또 순대도 먹었다.

추가 예시 〈스스로 써 봐요〉 호랑이는 동물이다. 그리고 타조도 동물이다. | 나는 일찍 잠을 잤다. 하지만 늦게 일어났다.

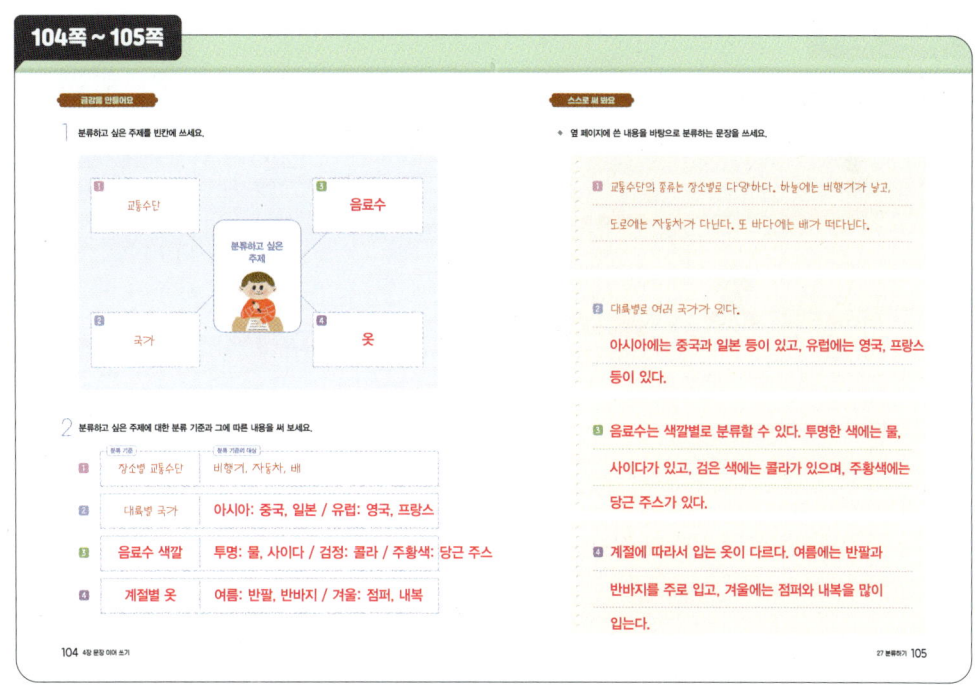

추가 예시 **스스로 써 봐요** 나이별로 다니는 학교가 다르다. 초등학교는 보통 8세에서 13세, 중학교는 14세에서 16세에 다닌다.

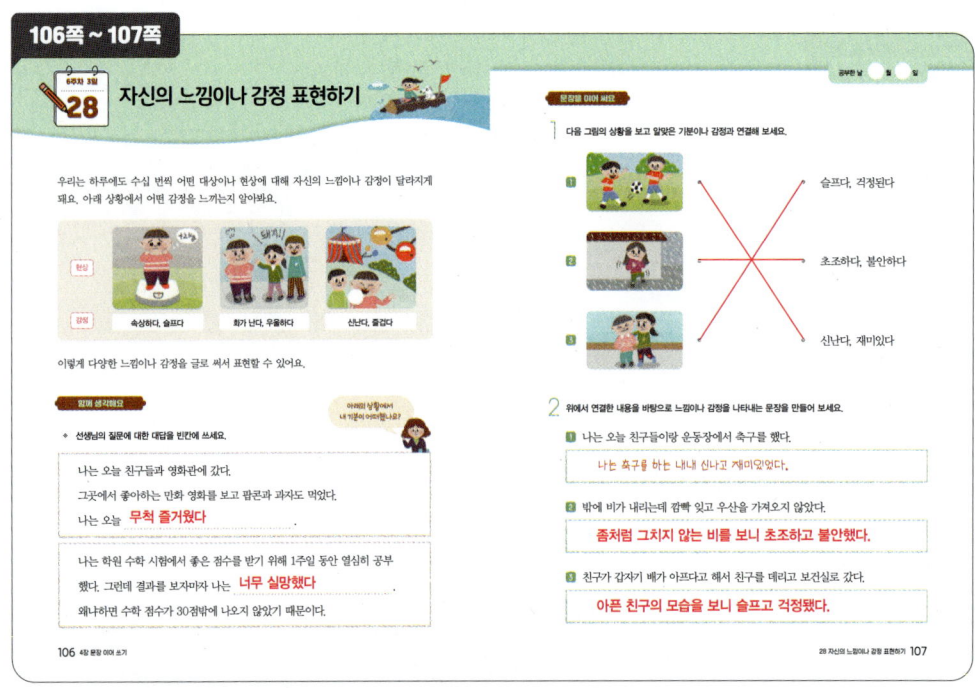

추가 예시 〔문장을 이어 써요〕 2 ① 나는 친구가 나에게 공을 패스하지 않아서 기분이 나빴다. ② 가만히 비가 오는 모습을 보니 마음이 오히려 차분해졌다. ③ 보건선생님께서 열심히 간호해 주시니 다행이라고 생각했다.

추가 예시 〔스스로 써 봐요〕 나는 6명씩 뛴 달리기에서 1등을 했다. 달리기에서 처음으로 1등을 한 내 자신이 자랑스러웠다.

5장
실전 문장 쓰기

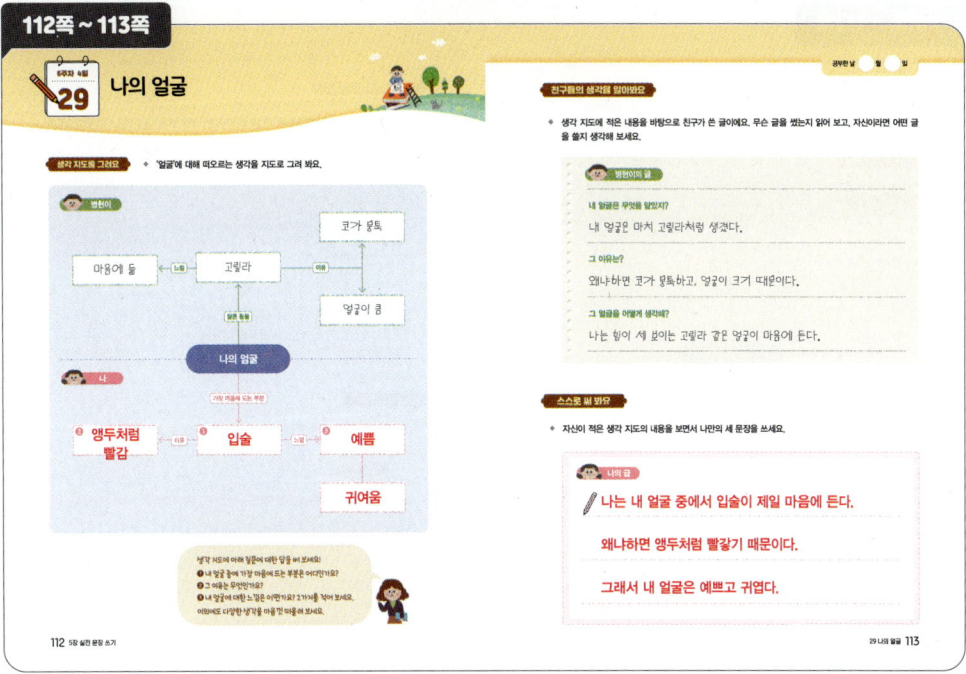

도움말 생각 지도에서 가장 중요한 것은 자유롭게 생각을 펼치는 것입니다. 그러므로 아이가 생각 지도를 작성할 때, 생각의 흐름대로 마음껏 쓸 수 있도록 지도해 주세요.

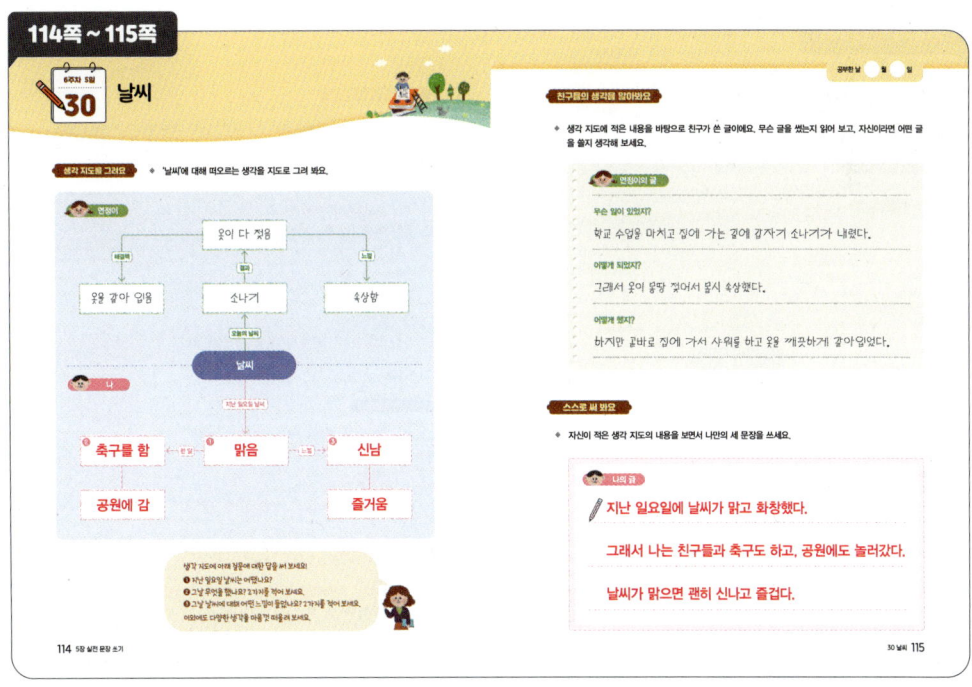

도움말 또한, 앞에서 이야기했듯이 정답 및 해설에 나와 있는 예시 답안은 아이가 문장을 쓰기 전이나 후에 읽을 수 있도록 도와주세요. 좋은 문장을 쓰는 것은 좋은 문장을 읽는 것과 크게 맞닿아 있습니다. 정답에 제시된 예시 문장을 그냥 지나치지 마세요.

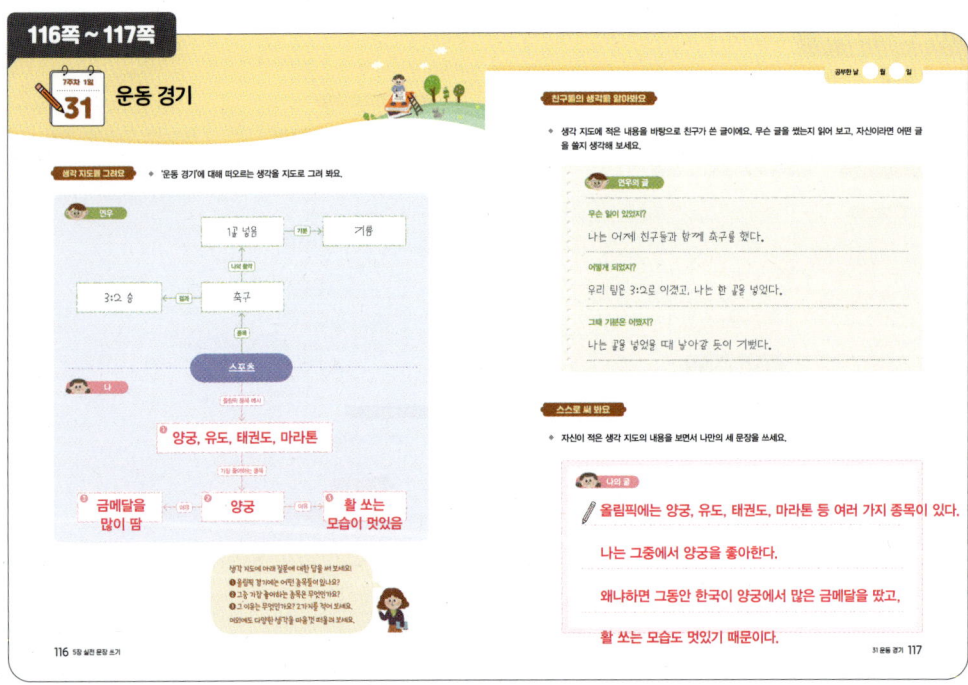

추가 예시 | 어제 옆 학교와 농구 시합을 했다. 그러나 나는 다리에 부상을 당해 뛸 수가 없었다. 많이 속상하고 아쉬웠다.

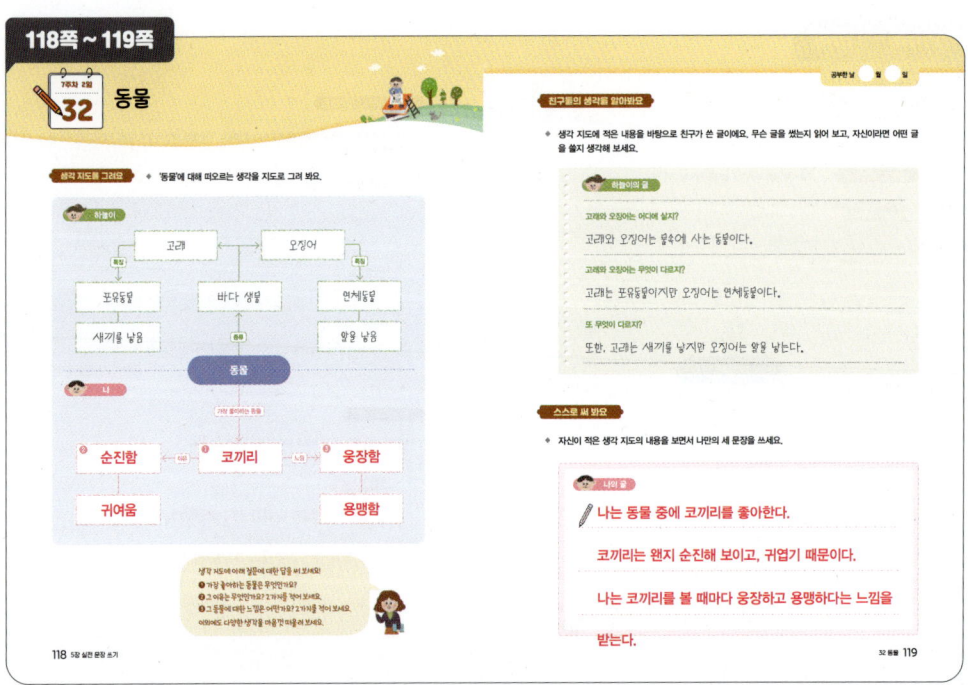

추가 예시 | 나는 우리 집에서 애완동물을 키우고 싶다. 예를 들면 고양이나 강아지, 너구리, 앵무새 등을 키우고 싶다. 하지만 엄마와 아빠는 애완동물을 키우면 집이 더러워진다고 반대하신다.

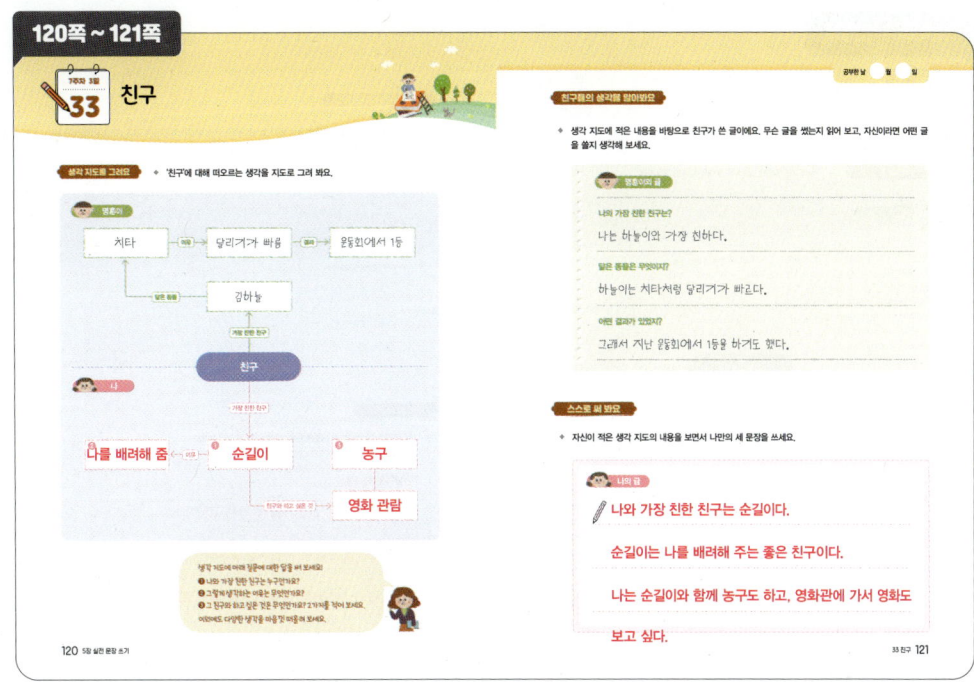

추가 예시 | 내 친구 호동이는 씨름 선수다. 호동이는 하마처럼 몸집이 크다. 특히, 호동이는 호랑이나 고릴라처럼 힘도 세다.

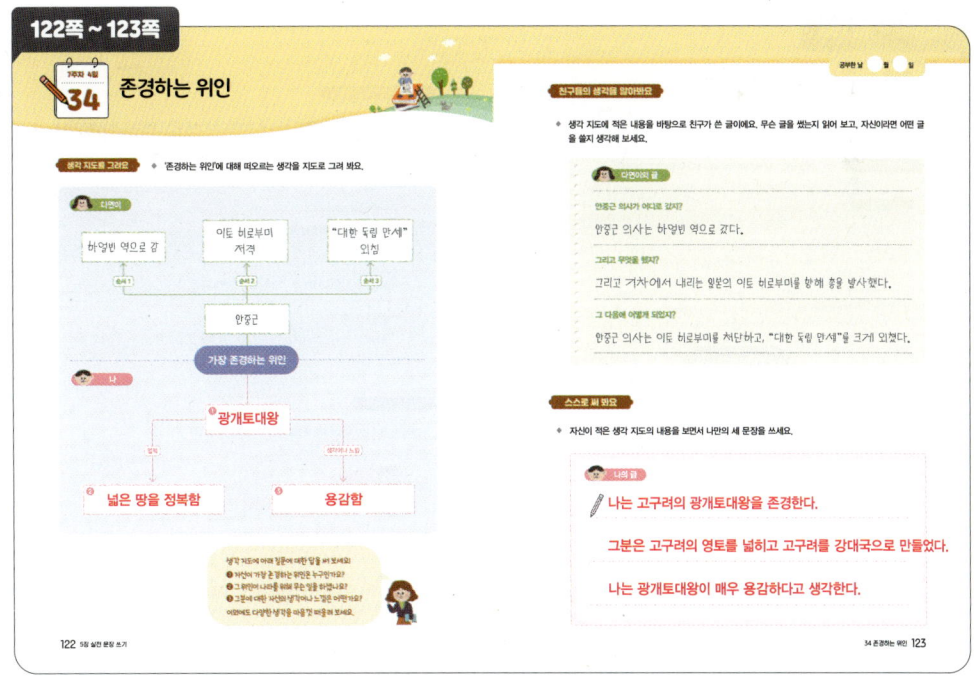

추가 예시 | 세종대왕은 백성이 알기 쉬운 글자가 필요하다고 생각했다. 그래서 세종대왕은 한글을 만들었다. 결국 한글은 대한민국의 글자가 되었다.

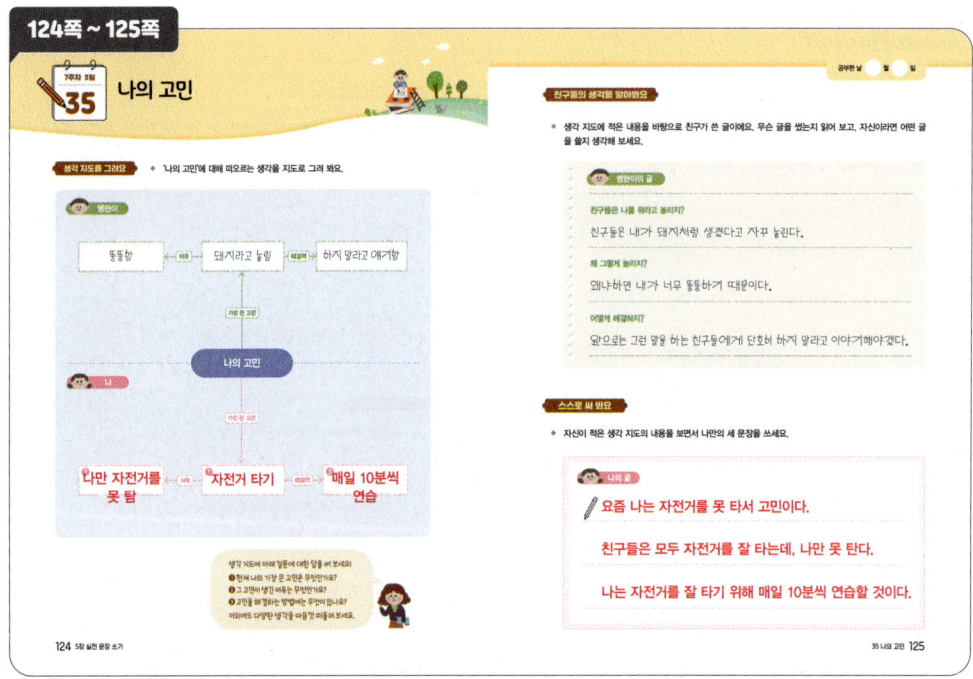

추가 예시 나는 축구를 잘하고 싶다. 이를 해결하기 위해서는 꾸준한 연습이 필요하다. 나는 앞으로 매일 한 시간씩 운동장에서 축구공 차는 연습을 할 것이다.

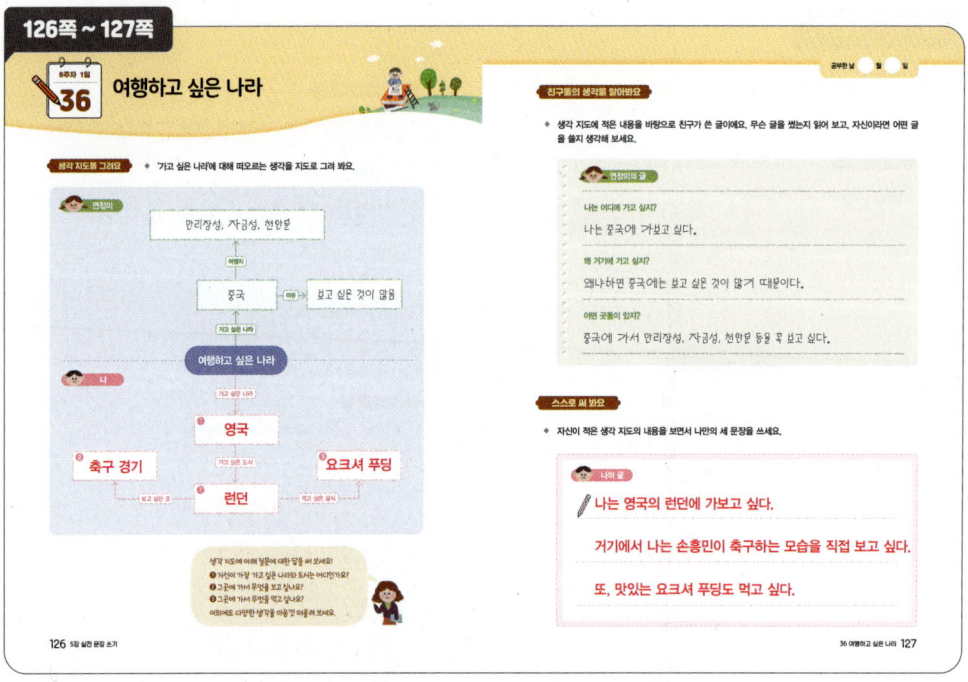

추가 예시 나는 미국에 가고 싶다. 왜냐하면 미국에서 직접 메이저리그 야구 경기를 보고 싶기 때문이다. 또, 할리우드에 가서 여러 배우들의 얼굴을 직접 보고 싶다.

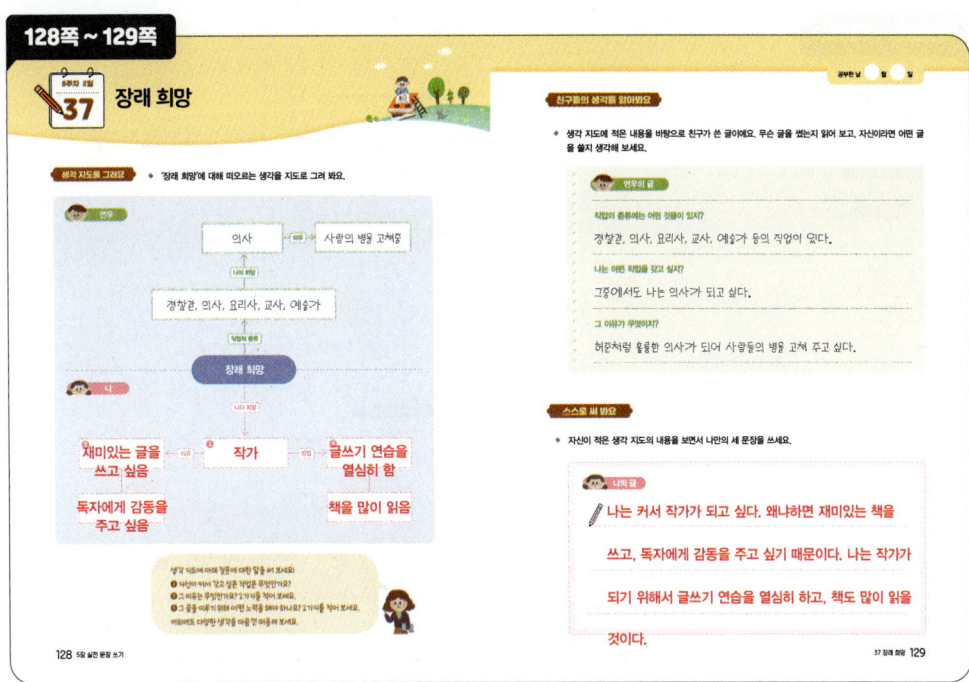

추가 예시 | 나는 커서 요리사가 되고 싶다. 그래서 사람들에게 맛있는 음식을 만들어 주고 싶다. 특히, 세계에서 제일 맛있는 떡볶이를 만들어 보고 싶다.

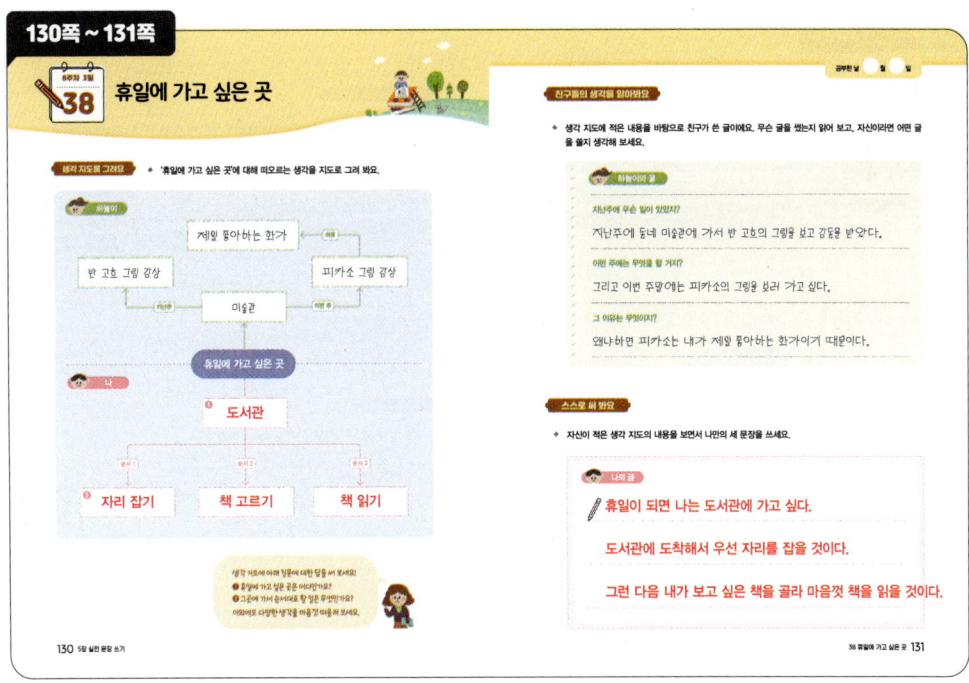

추가 예시 | 나는 휴일에 놀이공원에 가고 싶다. 내 동생도 이번 휴일에 놀이공원에 가고 싶다고 말했다. 하지만 아빠는 자꾸 낚시를 가자고 하신다.

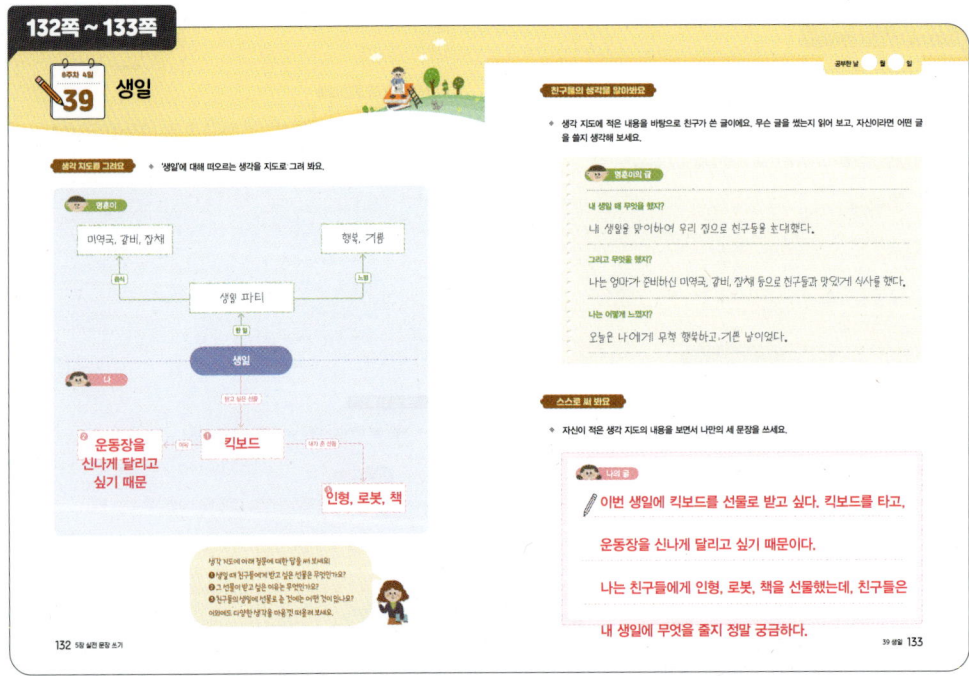

추가 예시: 내 생일에 아빠와 〈겨울왕국〉을 보러 갔다. 그러고 나서 엄마가 내가 좋아하는 피자를 만들어 주셨다. 엄마와 아빠가 생일을 축하해 주셔서 무척 고마웠다.

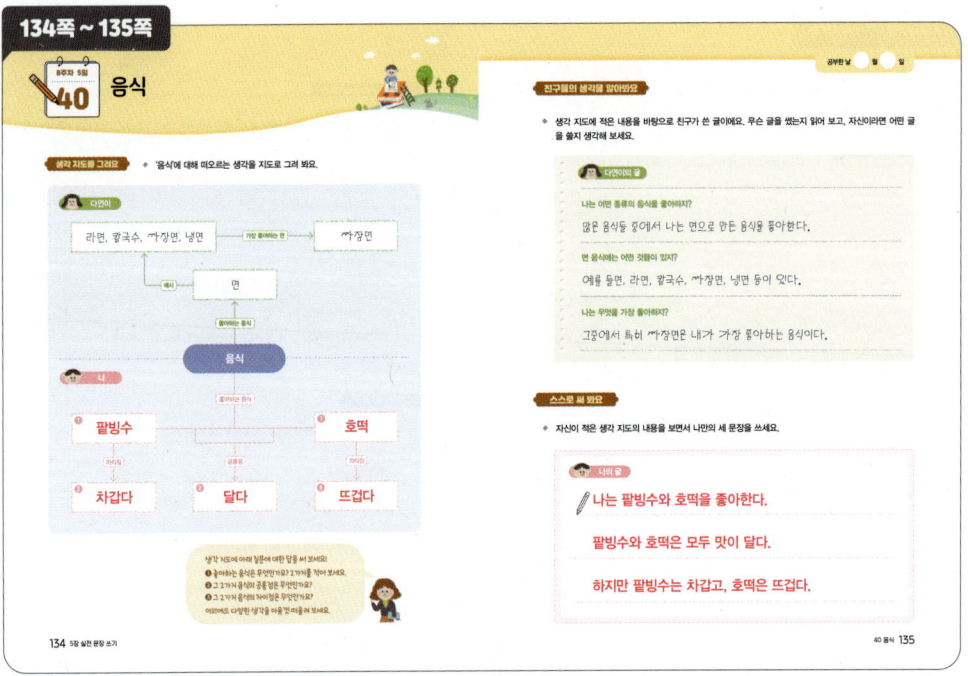

추가 예시: 나는 아이스크림을 제일 좋아한다. 아이스크림의 달고 시원한 맛이 너무 좋기 때문이다. 아이스크림을 먹으면 몸이 시원해지고, 기분도 좋아진다.

초등 글쓰기 무작정 따라하기
첫걸음 편

글쓰기
훈련집
답안

- 4쪽 ~ 7쪽   34
- 8쪽 ~ 11쪽   35
- 12쪽 ~ 15쪽   36
- 16쪽 ~ 19쪽   37
- 20쪽 ~ 23쪽   38
- 24쪽 ~ 27쪽   39
- 28쪽 ~ 31쪽   40
- 32쪽 ~ 35쪽   41
- 36쪽 ~ 39쪽   42
- 40쪽 ~ 43쪽   43

훈련집 활용하기

4쪽 ~ 5쪽

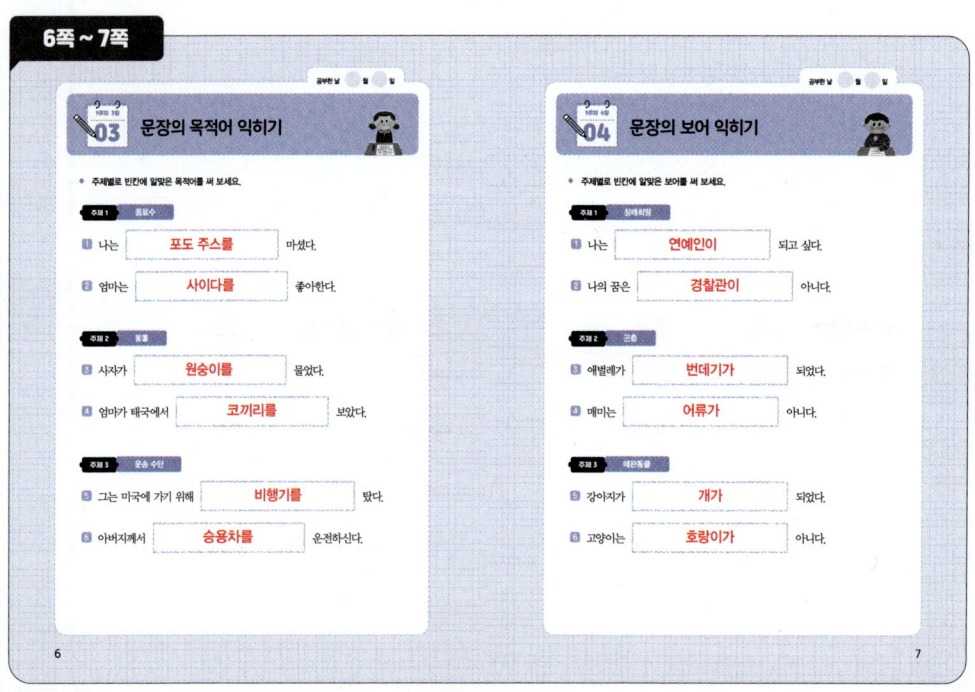

도움말 이 문제들은 정답이 없습니다. 그럼에도 예시 답안을 제시하는 이유는 아이가 예시 답안에 제시된 문장을 읽고, 자신의 생각을 어떻게 쓸지 생각해 보는 과정을 거치기 위해서입니다. 그러므로 예시 답안을 그냥 지나치지 말고 아이가 꼭 읽어볼 수 있도록 도와주시기 바랍니다.

추가 예시 **6쪽** 1 나는 콜라를 마셨다. 2 엄마는 물을 좋아한다. 3 사자가 사육사를 물었다. 4 엄마가 태국에서 삼륜택시를 보았다. 5 그는 미국에 가기 위해 배를 탔다. 6 아버지께서 버스를 운전하신다. **7쪽** 1 나는 가수가 되고 싶다. 2 나의 꿈은 의사가 아니다. 3 애벌레가 사마귀가 되었다. 4 매미는 식물이 아니다. 5 강아지가 애물단지가 되었다. 6 고양이는 장난감이 아니다.

34

8쪽 ~ 9쪽

05 무엇이(가) 무엇이다

1. 주제를 참고하여 '무엇이(가) 무엇이다' 문장을 상상하여 쓰세요.

   주제 1 : 동화
   1. 라푼젤은 — 공주이다
   2. 후크 선장은 — 악당이다

   주제 2 : 생물
   3. 무궁화는 — 식물이다.
   4. 뱀은 — 동물이다

2. 〈보기〉처럼 '무엇이(가) 무엇이다' 문장을 직접 만들어 보세요.
   보기 : 컴퓨터는 기계이다. / 주스는 액체이다.
   1. 그는 — 의사이다
   2. 사자는 — 동물의 왕이다

06 무엇이(가) 어떠하다

1. 주제를 참고하여 '무엇이(가) 어떠하다' 문장을 상상하여 쓰세요.

   주제 1 : 바다 생물
   1. 고래가 — 크다
   2. 문어가 — 흐물흐물하다

   주제 2 : 음료수
   3. 주스가 — 새콤하다.
   4. 요구르트가 — 시원하다

2. 〈보기〉처럼 '무엇이(가) 어떠하다' 문장을 직접 만들어 보세요.
   보기 : 콜라가 시원하다. / 날씨가 덥다.
   1. 의자가 — 튼튼하다
   2. 우유가 — 맛있다

추가 예시 8쪽 1 ① 신데렐라는 하녀이다. ② 지니는 램프의 요정이다. ③ 코스모스는 식물이다. ④ 캥거루는 동물이다. 2 ① 침대는 가구이다. ② 한글은 글자이다. 9쪽 1 ① 고래가 무섭다. ② 돌고래가 귀엽다. ③ 식초는 시다. ④ 우유가 차갑다. 2 ① 숙제가 많다. ② 눈이 맑다.

10쪽 ~ 11쪽

07 무엇이(가) 어찌하다

1. 주제를 참고하여 '무엇이(가) 어찌하다' 문장을 상상하여 쓰세요.

   주제 1 : 이동 수단
   1. 기차가 — 달린다.
   2. 비행기가 — 날았다

   주제 2 : 경찰
   3. 경찰이 — 달린다.
   4. 도둑이 — 도망갔다.

2. 〈보기〉처럼 '무엇이(가) 어찌하다' 문장을 직접 만들어 보세요.
   보기 : 꽃이 핀다. / 해가 떠오른다.
   1. 아이가 — 소리쳤다
   2. 동생이 — 울었다

08 무엇이(가) 무엇이(가) 되다/아니다

1. 주제를 참고하여 '무엇이(가) 무엇이(가) 되다/아니다' 문장을 상상하여 쓰세요.

   주제 1 : 닭
   1. 병아리가 — 닭이 — 되었다.
   2. 삼촌이 — 영화 감독이 — 되었다

   주제 2 : 음료수
   3. 물은 — 기체가 — 아니다.
   4. 나는 — 어른이 — 아니다

2. 〈보기〉처럼 '무엇이(가) 무엇이(가) 되다/아니다' 문장을 직접 만들어 보세요.
   보기 : 종이가 비행기가 되다. / 사자는 가축이 아니다.
   1. 보름달이 — 초승달이 — 되었다
   2. 내 동생은 — 유치원생이 — 아니다

추가 예시 10쪽 1 ① 기차가 움직였다. ② 자동차가 망가졌다. ③ 형사가 달린다. ④ 도둑이 잡혔다. 2 ① 컴퓨터가 작동했다. ② 달이 진다. 11쪽 2 ① 쌀이 밥이 되었다. ② 쌀은 잡곡이 아니다.

추가 예시 **12쪽 1** 1 동생은 궁금증을 풀었다. 2 나는 교과서를 폈다. 3 의사는 상처를 치료했다. 4 바리스타가 커피를 만들었다. **2** 1 지선이가 동화책을 읽었다. 2 홍익이가 가방을 멨다. **13쪽 1** 1 엄마가 나에게 볼펜을 선물했다. 2 친구가 나에게 공을 던졌다. 3 나는 친구에게 전화를 했다. 4 재석이가 편지를 종국이에게 썼다. **2** 1 나는 아빠에게 연락을 드렸다. 2 사육사가 먹이를 판다에게 주었다.

추가 예시 **14쪽 2** 1 거리에서 아름다운 꽃을 보았다. 2 그는 긴 다리를 가졌다. 3 예원이가 무거운 상자를 옮겼다. **15쪽 2** 1 고흐가 그림을 아름답게 그렸다. 2 줄이 길게 늘어났다. 3 이삿짐이 무겁게 느껴진다.

16쪽 ~ 17쪽

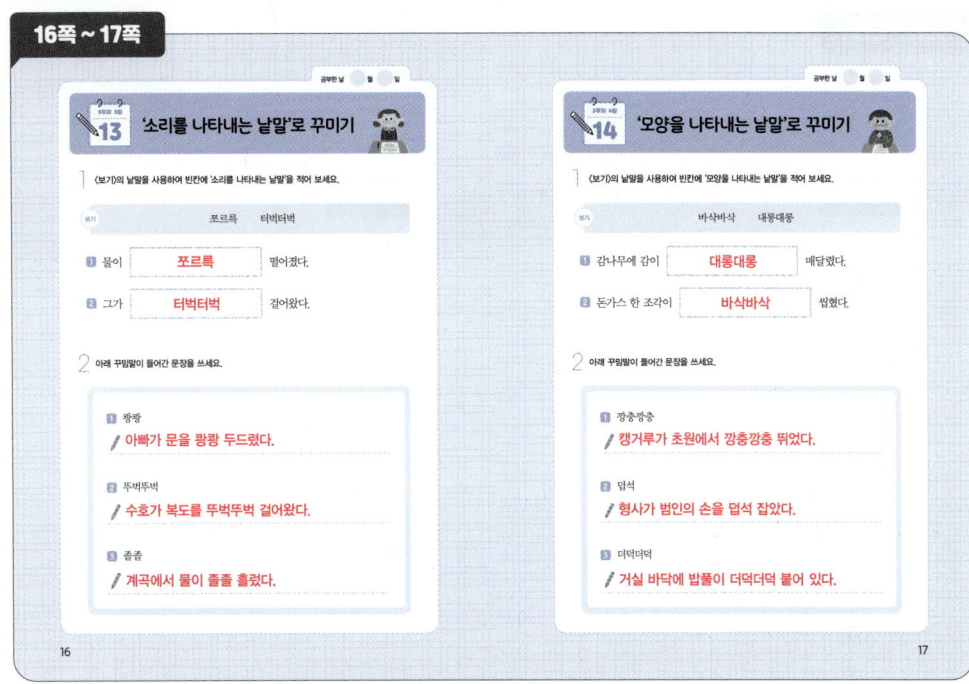

추가 예시   **16쪽 2** ① 친구가 발을 쾅쾅 굴렀다. ② 나는 강당 안에서 뚜벅뚜벅 걸었다. ③ 졸졸 흐르는 시냇물이 아름답다. **17쪽 2** ① 토끼가 깡충깡충 뛰었다. ② 언니가 떡을 덥석 베어 물었다. ③ 동생 얼굴에 밥풀이 더덕더덕 붙어 있다.

18쪽 ~ 19쪽

추가 예시   **18쪽 2** ① 나는 카페에서 우유를 마셨다. ② 기악합주회가 학교에서 열린다. ③ 나는 학원에 지각했다. **19쪽 2** ① 얼음이 물보다 차갑다. ② 치타가 강아지보다 빠르다. ③ 내가 아기보다 무겁다.

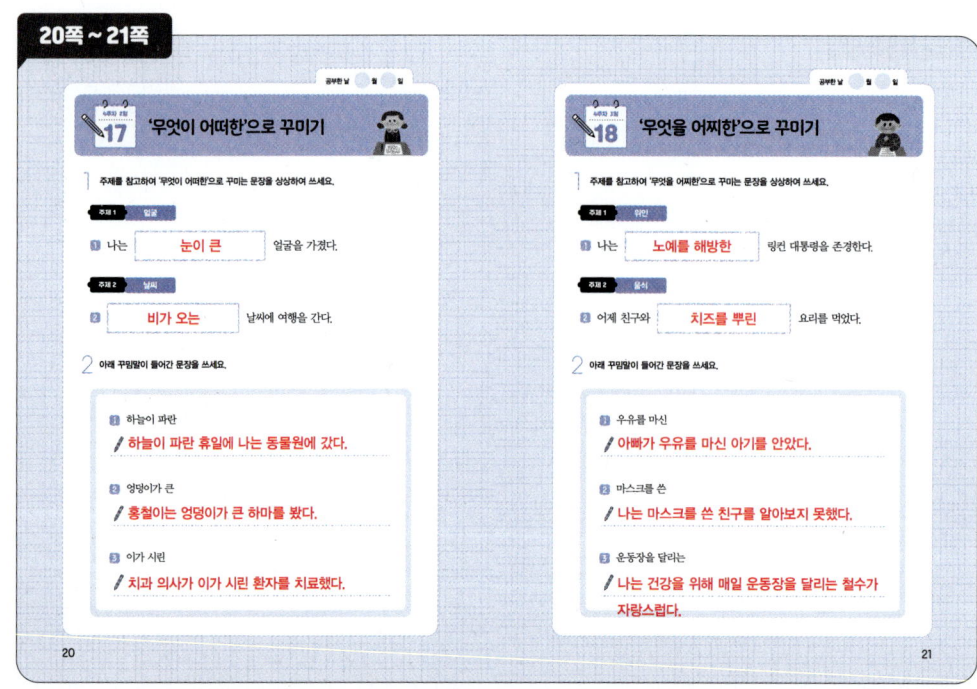

추가 예시 20쪽 2 ① 하늘이 파란 아침에 나는 산책을 나갔다. ② 엉덩이가 큰 돼지가 먹이를 먹었다. ③ 나는 이가 시린 할머니를 치과에 모셔다 드렸다. 21쪽 2 ① 나는 방금 우유를 마신 강아지를 재웠다. ② 마스크를 쓴 아기가 울음을 터뜨렸다. ③ 운동장을 달리는 축구 선수가 나에게 손을 흔들었다.

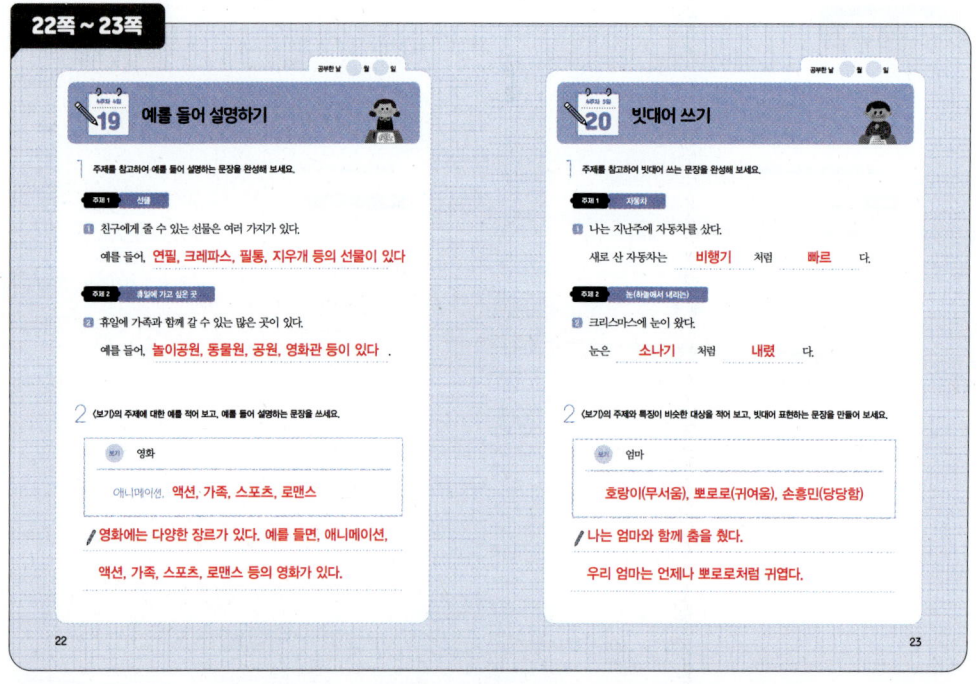

추가 예시 22쪽 2 예쁜 공주가 등장하는 동화책이 많다. 예를 들면, 〈라푼젤〉, 〈겨울왕국〉, 〈백설공주〉, 〈인어공주〉 등의 책이 있다. 23쪽 2 가을 하늘에 구름이 많다. 구름은 마치 연기처럼 뭉게뭉게 피어올랐다.

24쪽 ~ 25쪽

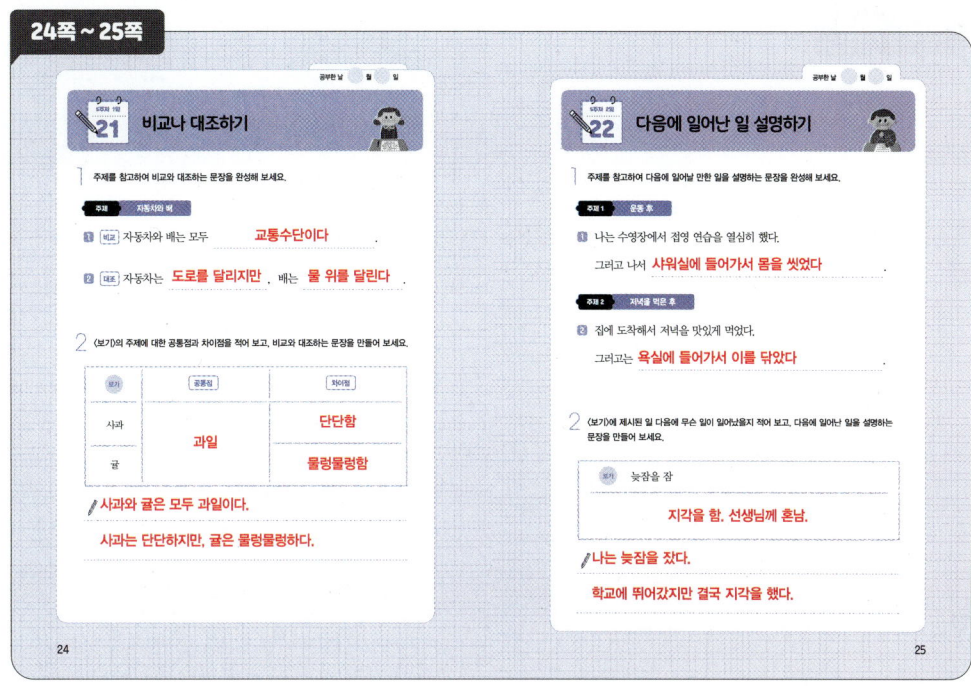

추가 예시 **24쪽 2** 의사와 약사는 모두 하얀 가운을 입는다. 의사는 병원에서 근무하지만, 약사는 주로 약국에서 근무한다. **25쪽 2** 엄마와 함께 등산을 갔다. 이윽고 나는 정상에 올라가서 "야호"라고 크게 외쳤다.

26쪽 ~ 27쪽

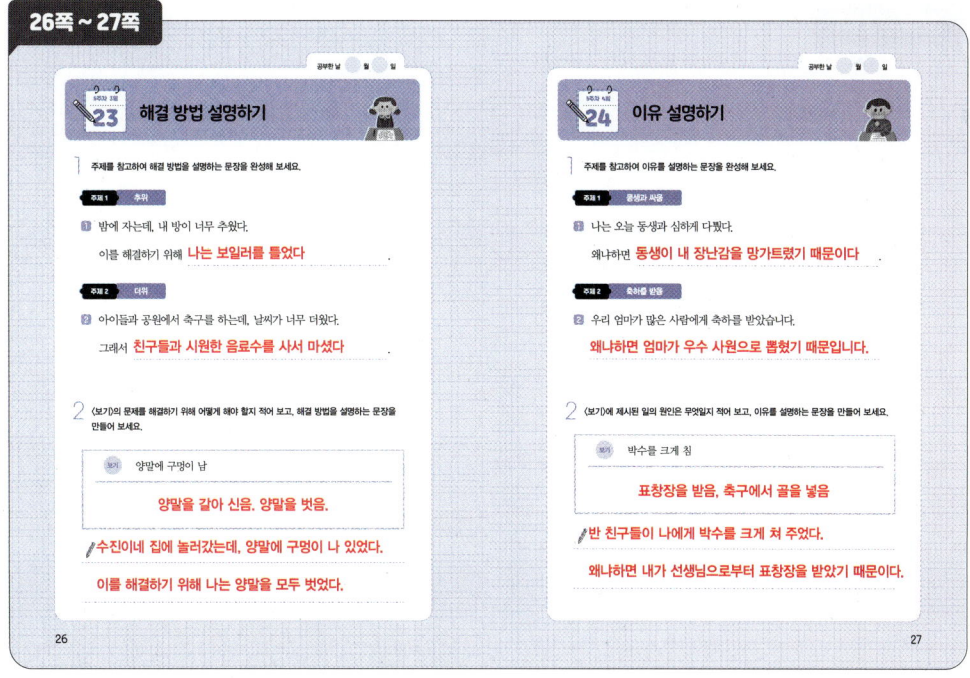

추가 예시 **26쪽 2** 이번 수학 시험은 꼭 백점을 맞고 싶다. 이를 위해 매일 두 시간씩 수학 공부를 할 것이다. **27쪽 2** 친구들이 나를 보고 크게 웃었다. 왜냐하면 내가 계단에서 우스꽝스럽게 넘어졌기 때문이다.

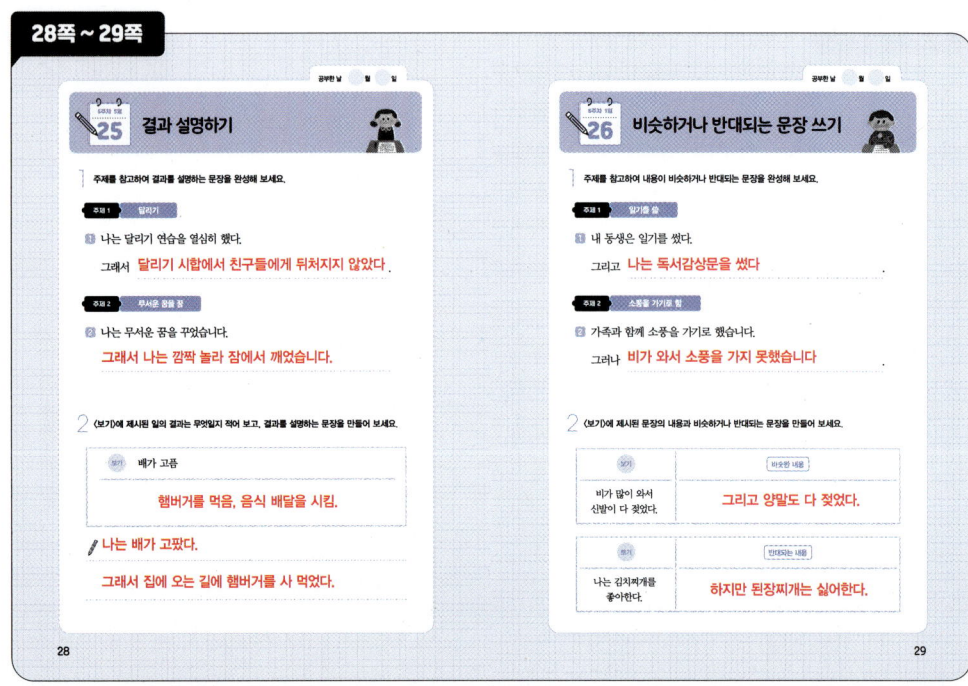

> **추가 예시**　**28쪽 2** 나는 공을 있는 힘껏 세게 찼다. 그래서 골키퍼는 내가 찬 공을 막을 수 없었다.　**29쪽 2** 〈비슷한 내용〉 나는 축구를 좋아한다. 또 야구도 좋아한다. 〈반대되는 내용〉 아빠는 낚시를 좋아하신다. 그러나 운동을 싫어하신다.

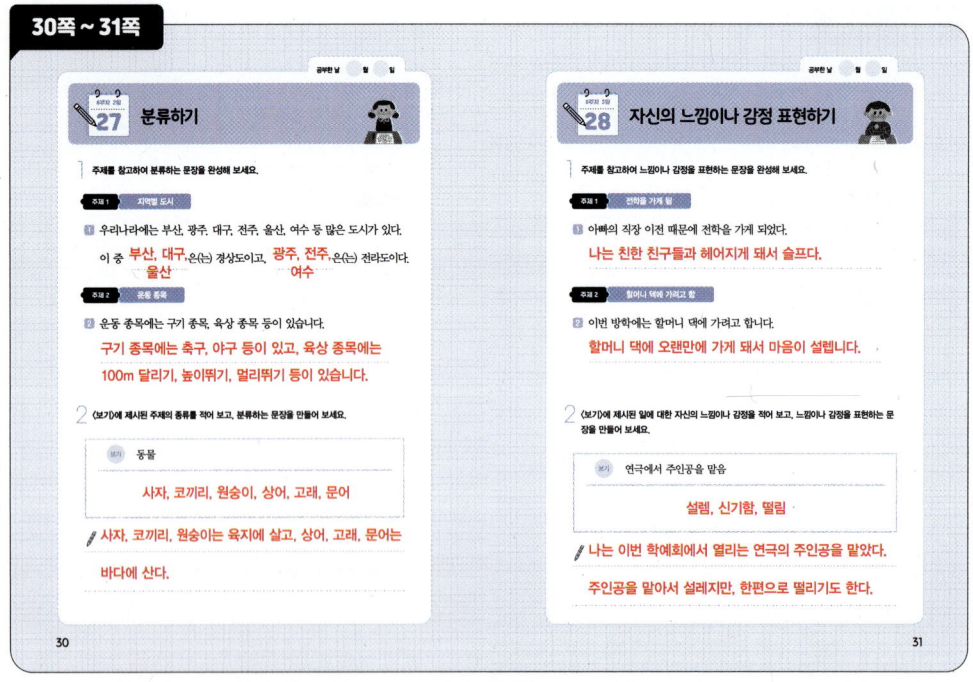

> **추가 예시**　**30쪽 2** 이번 주 일요일에 애니메이션이나 가족 영화를 보려고 합니다. 이 중 애니메이션에는 〈겨울왕국〉, 〈토이스토리〉 등이 있고 가족 영화에는 〈나 홀로 집에〉, 〈원더〉 등이 있습니다.　**31쪽 2** 나는 일출을 보려고, 산의 정상에 올랐다. 오르느라 힘들었지만 산 정상에 서니 마음이 상쾌했다.

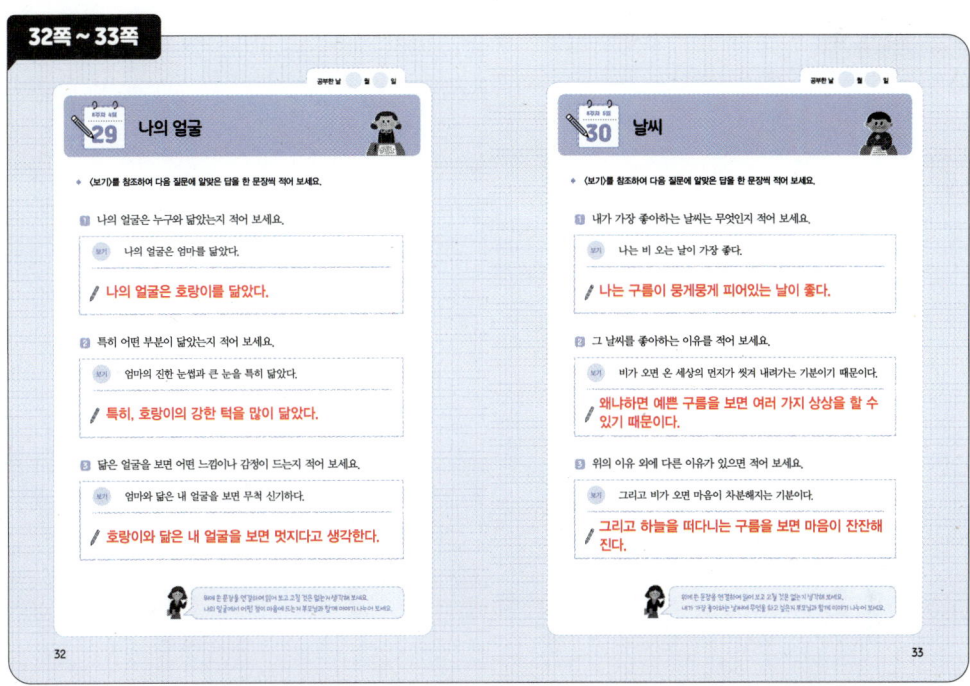

추가 예시 **32쪽** 1 나의 얼굴은 강아지를 닮았다. 2 특히 강아지의 초롱초롱한 눈망울을 많이 닮았다. 3 강아지와 닮은 내 얼굴을 보면 내가 보기에도 너무 귀엽다. **33쪽** 1 나는 눈 오는 날이 좋다. 2 왜냐하면 세상이 깨끗해지는 느낌이 들기 때문이다. 3 그리고 내리는 눈을 바라보면 내 마음도 포근해진다.

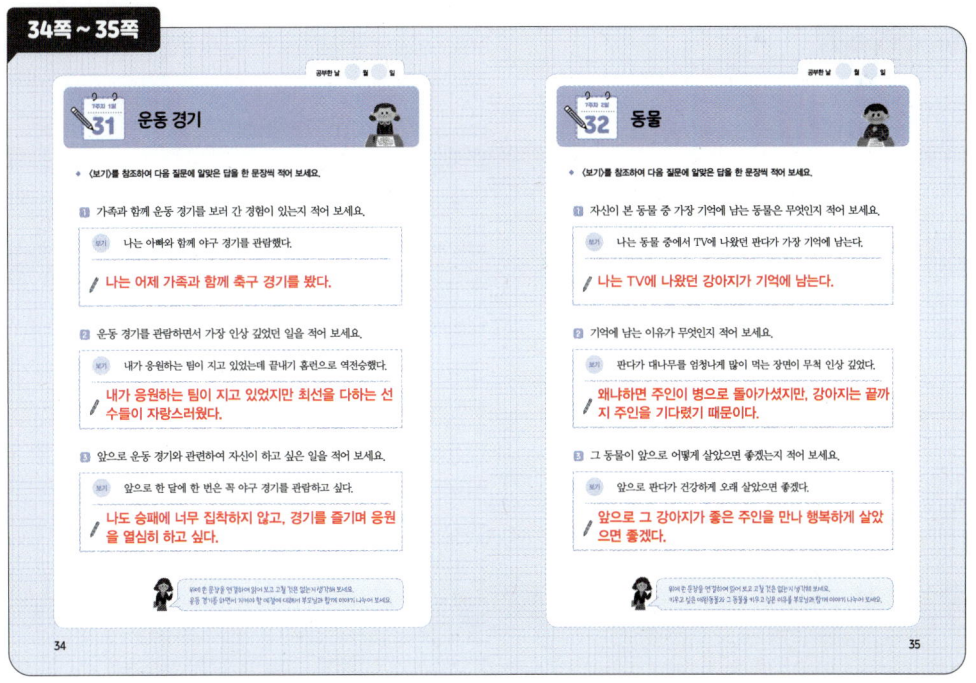

추가 예시 **34쪽** 1 나는 지난주에 아빠와 농구 경기를 보러 갔다. 2 선수들은 한 골이라도 더 넣으려고 코트를 정말 열심히 뛰어다녔다. 3 나도 앞으로 친구들과 자주 농구 경기를 해보려고 한다. **35쪽** 1 우리 아파트 단지에는 얼마 전부터 작은 고양이가 돌아다닌다. 2 그 고양이는 길고양이 같지 않게 너무 귀엽고 예쁘게 생겼다. 3 나는 그 고양이를 우리 집으로 데려와 키우고 싶다.

36쪽 ~ 37쪽

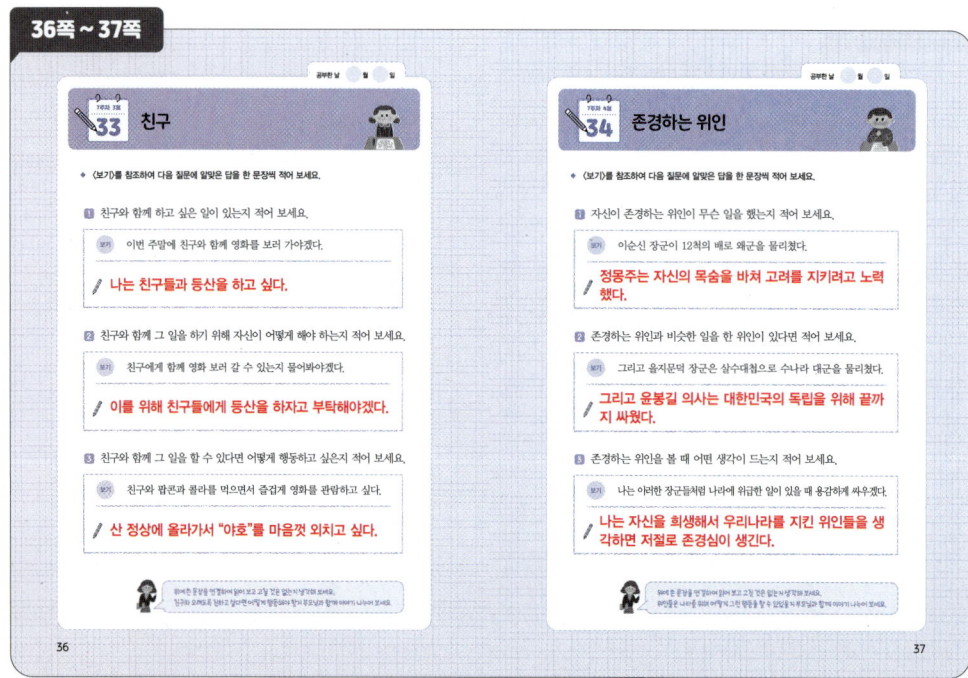

추가 예시 **36쪽** ① 나는 친구와 배드민턴을 치고 싶다. ② 그래서 친구에게 문자를 보내 배드민턴을 치자고 물어봐야겠다. ③ 그리고 배드민턴 라켓과 셔틀콕은 내가 가져갈 거니까 몸만 오면 된다고 말할 것이다. **37쪽** ① 장영실은 강수량을 측정하는 측우기를 만들어 백성들이 농사를 짓는 데 도움을 주었다. ② 허준은 의술이 뛰어나 병든 백성들을 많이 고쳐 주었다. ③ 나도 이렇게 누군가에게 도움을 줄 수 있는 사람이 되고 싶다.

38쪽 ~ 39쪽

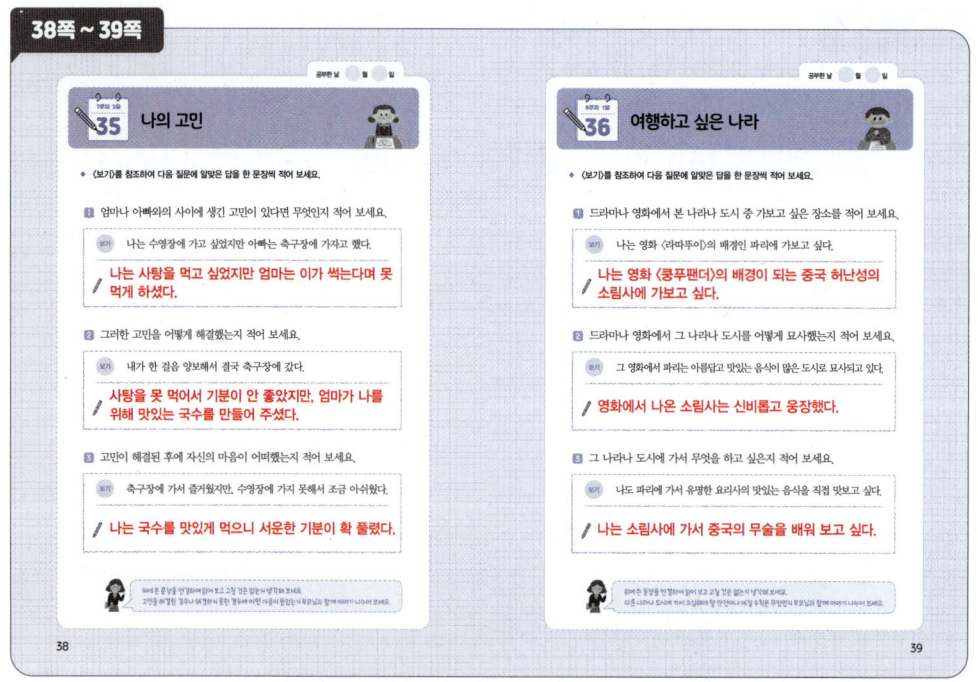

추가 예시 **38쪽** ① 나는 강아지를 키우고 싶었지만 부모님은 집이 지저분해진다며 반대하셨다. ② 그 대신 부모님은 내게 작고 귀여운 곰 인형을 사주시고 용돈도 주셨다. ③ 나는 한편으로는 서운했지만 귀여운 곰 인형과 용돈을 받게 되어 기분이 다시 좋아졌다. **39쪽** ① 나는 영화 〈스파이더맨〉의 배경으로 나오는 미국의 번화가에 가보고 싶다. ② 영화 속 번화가는 으리으리한 고층 건물들이 끝없이 늘어서 있었다. ③ 나는 그 번화가를 거닐며 스파이더맨이 이 거리에서 활약한 장면을 떠올려 보고 싶다.

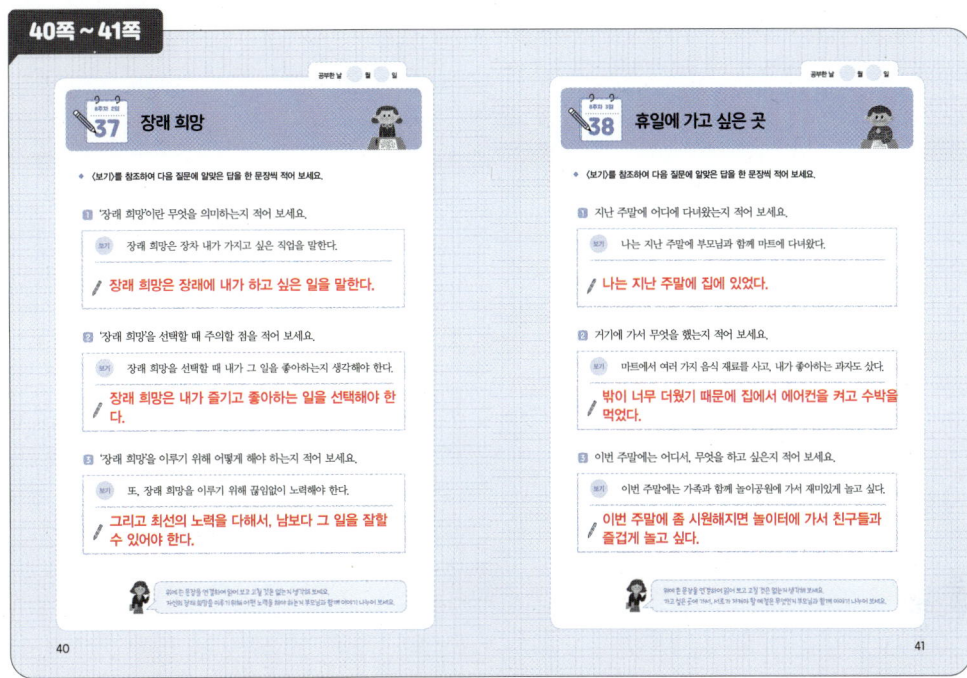

추가 예시 **40쪽** 1 장래 희망은 앞으로 내가 하고 싶은 일이나 직업에 대한 바람을 말한다. 2 장래 희망을 선택할 때 남의 선택보다는 내 자신의 선택이 더 중요하다. 3 나는 우선 그 희망을 이룬 분들을 만나서 궁금한 점을 마음껏 여쭤보고 싶다. **41쪽** 1 나는 지난 주말에 가족들과 바닷가에 다녀왔다. 2 바다에서 수영을 하고 근처 식당에서 맛있는 식사도 했다. 3 이번 주말에는 친구들과 영화관에 가서 새로 개봉한 애니메이션을 보고 싶다.

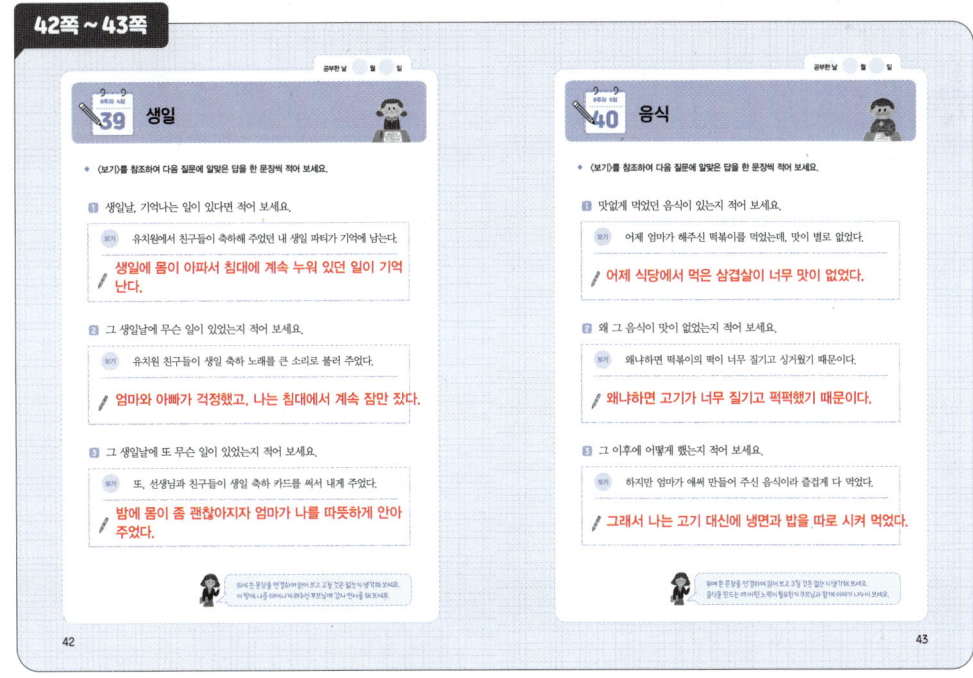

추가 예시 **42쪽** 1 내 생일에 가족들과 제주도로 놀러 간 적이 있다. 2 제주도의 한 펜션에서 가족들은 케이크에 촛불을 켜고 내 생일을 축하해 주었다. 3 그리고 나는 가족들과 함께 맛있는 고기를 구워 먹고, 해변을 산책했다. **43쪽** 1 어제 학교에서 나온 급식이 너무 맛이 없었다. 2 국은 너무 싱거웠고, 반찬도 내가 싫어하는 깍두기와 나물이 나왔기 때문이다. 3 집에 돌아와 엄마에게 말씀드렸더니 엄마는 맛있는 치킨을 주문해 주셨다.

주어부터 3문장까지 초등 기초 글쓰기 완벽 훈련!

초등 글쓰기
최승한 지음

무작정 따라하기
첫걸음 편

길벗스쿨

최승한 선생님은요

경인교육대학교 국어교육과를 졸업하고, 서울교육대학교에서 국어교육 석사 학위를 받았습니다. 서울창림초등학교와 운현초등학교 교사로 재직하였으며, 서울교육대학교 초등국어교육연구소와 한국교과서연구재단의 연구원을 지냈습니다. 2009 개정 교육과정과 2015 개정 교육과정 초등학교 국어 교과서를 집필하였고, 현재 유치원, 초등학교, 문화센터에서 학부모를 대상으로 한글 및 독서·논술 교육 강사로 활동하고 있습니다. 저서로는 '미리 보고 개념 잡는 초등 독서감상문 쓰기', '미리 보고 개념 잡는 초등 어휘력', '이야기 교과서 인물: 안중근', '한글을 깨치는 비법 한깨비 한글 공부 1~5' 등이 있습니다.

E-mail: tomatovirus@hanmail.net

초등 글쓰기 무작정 따라하기: 첫걸음 편
The Cakewalk Series – The First Step in Writing for Elementary School Students

초판 1쇄 발행 · 2021년 9월 14일
초판 6쇄 발행 · 2024년 8월 12일

지은이 · 최승한
발행인 · 이종원
발행처 · 길벗스쿨
출판사 등록일 · 2006년 6월 16일
주소 · 서울시 마포구 월드컵로 10길 56(서교동)
대표 전화 · 02)332-0931 | **팩스** · 02) 338-0388
홈페이지 · www.gilbutschool.co.kr | **이메일** · gilbut@gilbut.co.kr

기획 및 책임편집 · 유현우(yhw5719@gilbut.co.kr) | **디자인** · 강은경 | **제작** · 이준호, 손일순, 이진혁
영업마케팅 · 진창섭 | **웹마케팅** · 지하영 | **영업관리** · 김명자, 심선숙, 정경화 | **독자지원** · 윤정아
전산편집 · 기본기획 | **편집진행** · 주은영 | **일러스트** · 윤혜영 | **CTP 출력 및 인쇄** · 두경M&P | **제본** · 신정문화사

▶ 잘못된 책은 구입한 서점에서 바꿔 드립니다.
▶ 이 책은 저작권법에 따라 보호받는 저작물이므로 무단전재와 무단복제를 금합니다.
 이 책의 전부 또는 일부를 이용하려면 반드시 사전에 저작권자와 길벗스쿨의 서면 동의를 받아야 합니다.

ISBN 979-11-6521-643-6 73700
(길벗 도서번호 500001)

정가 12,800원

독자의 1초를 아껴주는 정성 길벗출판사

(주)도서출판 길벗 | IT실용서, IT/일반 수험서, IT전문서, IT입문서, IT주니어서, IT교육교재서, 경제실용서, 취미실용서, 자녀교육서
더퀘스트 | 인문교양서, 비즈니스서
길벗이지톡 | 성인어학서
길벗스쿨 | 국어학습서, 수학학습서, 영어학습서, 유아학습서, 어린이교양서, 학습단행본, 교과서

길벗스쿨 공식 카페 〈기적의 공부방〉 · cafe.naver.com/gilbutschool
인스타그램 · @gilbutschool_kids

제품명 : 초등 글쓰기 무작정 따라하기:첫걸음 편	주 소 : 서울시 마포구 월드컵로 10길 56 (서교동)
제조사명 : 길벗스쿨	제조년월 : 판권에 별도 표기
제조국명 : 대한민국	사용연령 : 7세~10세
전화번호 : 02-332-0931	KC마크는 이 제품이 공통안전기준에 적합하였음을 의미합니다.

머리말

시중에서 판매되는 일부 글쓰기 학습지들 중에는 쓰기 과정에 대한 이해 없이 문법에 대한 설명만 많이 첨부하거나 아이마다 좋아하는 쓰기 주제가 다름에도 불구하고 작가가 재미있다고 생각하는 문제만 나열하고 빈칸에 써 보게 하는 경우가 종종 있습니다.

하지만 쓰기는 반드시 읽기와 연계되어 이루어져야 합니다. 다른 사람이 그 주제에 대해 어떻게 썼는지 먼저 읽고, 자신이라면 그 주제에 대해 어떻게 쓸지 생각해야 합니다. 그러한 과정 없이 단순히 쓰기만 하는 과정은 흔한 말로 모래 위에 성을 쌓는 것에 불과할 뿐입니다.

이 책은 이러한 문제점을 보충하여 쓰기에 대한 부모님의 고민을 덜어주기 위해서 만들었습니다. 우선 아이가 문장의 기초를 배우고 난 후, 다양한 주제에 대해 떠오르는 생각을 체계적으로 쓸 수 있도록 유도하였습니다. '주어, 서술어, 목적어, 보어' 등의 어절부터 시작해서 써야 할 문장의 수를 한 문장, 두 문장, 세 문장으로 점차 늘려가기 때문에 아이가 여러 문장을 쓰는 것을 어려워하지 않고 재미있게 쓸 수 있을 것입니다.

또한, 이 책은 써야 할 문장이나 단락에 대한 예시를 책 안에 충분히 제시하였습니다. 주제에 대한 자신의 생각을 처음부터 잘 쓸 수 있는 사람은 없습니다. 좋은 예시 문장을 많이 읽고, 자신의 생각을 문장으로 어떻게 나타낼지 스스로 생각해야 합니다. 이 책은 본책이나 '정답 및 참고 답안집'에 많은 예시 문장을 제시하여 아이가 좋은 문장을 읽고 자신의 글을 쓰도록 하였습니다.

마지막으로 본 교재는 가르쳐야 할 설명은 최대한 줄이고, 아이가 직접 문장을 구성하는 활동에 최대한 집중할 수 있도록 하였습니다. 이를 통해 앞으로 긴 글을 써야 하는 아이에게 '쓰기'라는 표현 방법의 기초를 익히고, 쓰기가 어려운 것이 아니라 우리 생활에 필수적으로 필요한 자기 표현 방법의 하나임을 알도록 하였습니다. 아무쪼록 이 책이 이러한 역할을 수행하는 데에 작은 밑거름이 되기를 간절히 바랍니다.

저자 최승한

이 책의 구성

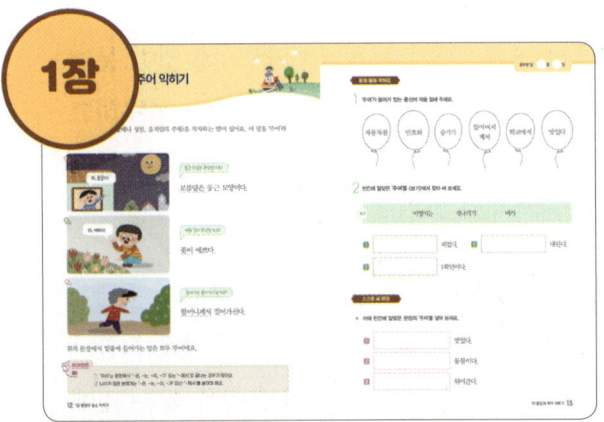

문장의 요소 익히기

맨 먼저 문장을 이루는 기본적인 요소에는 어떤 것들이 있는지 배울 거예요. 그래서 앞으로 문장을 쓸 때마다 이 요소가 어떻게 활용되는지 알 수 있을 거예요.

기본 문장 익히기

우리가 흔히 쓸 수 있는 기본 문장에는 어떠한 것들이 있는지 다양한 사례와 함께 배워 볼 거예요. 문장은 수만 가지의 형태로 표현될 수 있지만 결국 그 중심에는 기본 문장이라는 뼈대가 항상 숨어 있어요.

꾸밈 문장 만들기

기본 문장을 꾸며 주는 다양한 요소들에 대해 배울 거예요. 문장을 어떻게 꾸미느냐에 따라 그 문장의 내용이 좀 더 풍성해지고 전달하고자 하는 내용을 좀 더 풍성하고 구체적으로 표현할 수 있어요.

이 책은 글쓰기를 처음 시작하는 예비 초등학생부터 초등 저학년 학생을 대상으로 한 글쓰기 교재입니다. 이 책에서는 아이가 평소에 생각하고 말하는 내용을 어떻게 글로 표현할 수 있을지 그 방법을 체계적이고 단계적으로 보여줄 것입니다. 또한 이 책은 아이가 앞으로 학교생활을 해나가면서 수없이 맞닥뜨려야 할 과제나 평가를 자신 있게 해결해나갈 수 있는 글쓰기 실력의 초석을 다지는 데 초점을 맞춰서 구성하였습니다.

문장 이어 쓰기

이 장에서는 한 문장에서 다른 문장까지 이어 쓰는 방법을 배워볼 거예요. 문장을 이어 쓰는 여러 가지 방법을 터득하여 글쓰기의 초석을 다질 수 있을 거예요.

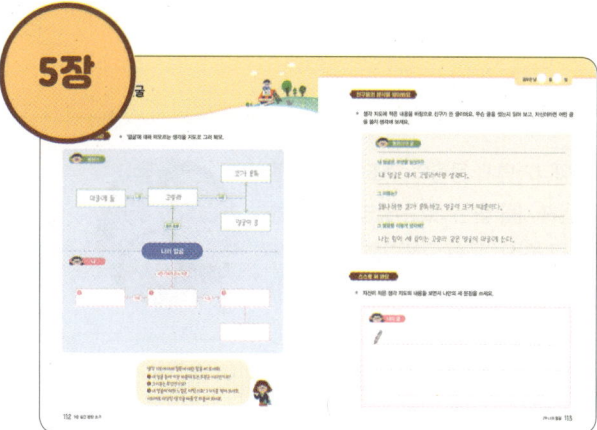

실전 문장 쓰기

마지막 장에서는 다양한 주제를 제시하여 그 주제에 맞는 세 문장을 스스로 써 보는 연습을 할 거예요. 4장에서 배운 이어 쓰기 방식을 최대한 활용해서 자신의 생각을 표현한다면 훨씬 훌륭한 자신만의 글을 완성할 수 있을 거예요.

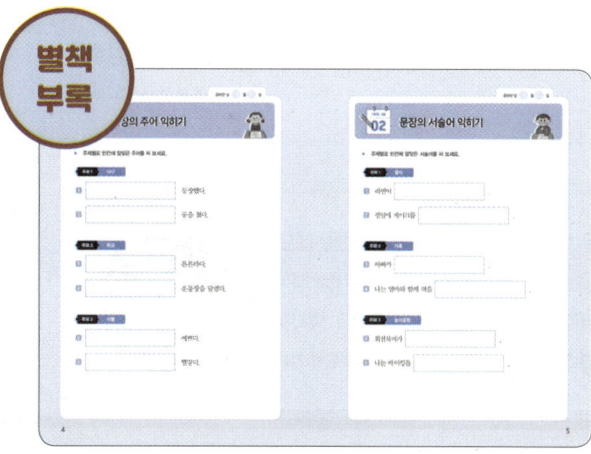

글쓰기 훈련집 활용하기

본책을 학습한 후, 학습한 내용을 활용하여 자신이 직접 문장을 자유롭게 표현할 수 있어요. 각 단원의 내용을 바탕으로 자신의 생각을 담아 마음껏 상상력을 발휘하여 다양한 문장을 쓰는 훈련을 해 보세요.

이 책을 먼저 체험해 본 독자들의
말! 말! 말!

독후 활동에서 저희 아이가 한 줄 느낌을 쓰는 것도 어려워하는 것을 보고 글쓰기 연습의 필요성을 느꼈어요. 아이들이 이해하기 쉬운 예문들로 문장의 작은 단위부터 공부할 수 있고, 제시해 주는 다양한 글감을 통해 실전 연습까지 가능하다는 점이 너무 좋았어요.
— 조단비(지성 엄마)

 저희 아이가 평소에 책은 많이 읽었지만 실제로 문장을 만들어 볼 기회가 없어 논술 학원을 보낼까 생각했는데 길벗에서 기초 글쓰기 책이 나온다고 하여 너무 반가웠어요. 실제 학습을 해보니 간단한 문장 만들기부터 접근할 수 있어서 어렵지 않게 글쓰기를 시작할 수 있어서 좋았어요.
— 이수정(이준 엄마)

학습체험을 하는 동안 문장의 중요한 형식들을 배워나가면서 문장의 구조에 대해 전반적으로 파악할 수 있었어요. 주위에도 엄마표로 글쓰기를 할 수 있는 방법을 궁금해 하는 엄마들이 많은데 이 책을 추천해 주면 좋을 것 같아요. 특히 글쓰기를 어떻게 가르칠지 몰라 걱정하는 엄마들에게도 강추합니다.^^
— 엄정현(은서 엄마)

 이 책으로 주어부터 시작하여 단어와 단어를 문장의 요소별로 연결하면서 문장을 차근차근 쓰는 방법을 배우고 연습할 수 있어서 좋았어요. 이 책으로 계속 꾸준히 연습하면 아이들 스스로 짧은 글이나마 자신의 생각대로 쓸 수 있는 실력이 점차 향상될 수 있을 거라 확신합니다.
— 윤혜성(종선 엄마)

저는 초등학교 3학년과 예비 초등 아이에게 모두 이 교재를 학습해 보라고 했는데요. 두 아이 모두 이 교재를 통해 자신이 쓴 문장들을 보며 서로 재잘재잘 이야기를 나누면서 글쓰기의 재미를 서서히 느껴가더라구요. 머릿속에서만 맴돌던 아이들의 생각을 풀어주며 놀이처럼 즐겁게 다가갈 수 있는 교재였습니다.
— 박국화(규빈 엄마)

이 책이 출간되기 전에 먼저 체험해 보신 어머님들이 계세요. 일명 '베타테스터'라고 하지요. 〈초등 글쓰기 무작정 따라하기:첫걸음 편〉은 이분들의 꼼꼼한 검토와 체험 의견 덕분에 더욱 더 좋은 내용으로 출간이 될 수 있었어요. 많은 어머님들이 먼저 살펴보셨기에 더욱 더 믿음이 가는 〈초등 글쓰기 무작정 따라하기:첫걸음 편〉! 과연 어머님들은 어떤 느낌을 받으셨는지 함께 알아볼까요?

저희 아이가 아직 글쓰기에 익숙하지 않아 〈스스로 써 봐요〉 코너에서 생각하는 것을 너무 귀찮아하더라구요. 하지만 5장에서 생각 지도를 보며 자신의 생각을 넓혀가는 과정을 배우면서 서서히 자신의 생각을 조리 있게 쓰게 되었어요. 글쓰기에 처음 입문하는 아이들에게 적극 추천합니다.
— 장인경(주비 엄마)

 저희 아이는 말을 제법 조리 있게 논리적으로 잘하는 아이임에도 불구하고 글쓰기는 늘 하기 싫어했어요. 하지만 이 책에서 구조적으로 글을 쓰기 위한 '생각의 구조화' 과정을 통해 아이들의 생각을 자연스럽게 유도함으로써 아이가 좀 더 편안하게 쓸 수 있고 생각하게 되는 계기가 되었어요.
— 황명화(영이 엄마)

이 책과 함께 글쓰기를 차근차근 배워가다 보면 글쓰기에 대한 아이들의 기초 실력이 향상되겠다는 생각을 하게 되었어요. 특히 학습을 진행하면서 아이의 기발하고 재미있는 답을 보면서 아이의 생각도 들여다보게 되어서 좋았어요. 정말 엄마와 아이가 부담 없이 할 수 있는 교재였던 것 같습니다.
— 이현정(요엘 엄마)

 글쓰기의 중요성이 어느 때보다 강조되고 있는 요즘, 이 교재를 체험하면서 초등학교 저학년부터 글쓰기에 편안하게 다가갈 수 있는 교재라는 생각이 들었어요. 아이가 간단하게 문장의 요소부터 익히며 차근차근 글쓰기를 해나가다 보니 어느새 아이 스스로 짧은 글 한 편을 뚝딱 완성하더라구요.
— 김정화(승민 엄마)

평소에 저희 아이가 글감을 만들거나 표현을 하는 부분에서 부족한 점이 많았는데요, 이 교재를 엄마표로 진행하면서 부족했던 부분들을 많이 연습할 수 있어서 좋았어요. 아이가 특히 3장의 '꾸밈 문장 만들기'를 아주 재미있어 하였는데요, 더 새롭게 표현하겠다며 스스로 즐거워하는 모습을 보이기도 했습니다.
— 허은경(이온 엄마)

차례

머리말   3
이 책의 구성   4
이 책을 먼저 체험해 본 독자들의 말! 말! 말!   6

1장 문장의 요소 익히기

01 문장의 주어 익히기   12
02 문장의 서술어 익히기   14
03 문장의 목적어 익히기   16
04 문장의 보어 익히기   18

2장 기본 문장 익히기

05 무엇이(가) 무엇이다   22
06 무엇이(가) 어떠하다   24
07 무엇이(가) 어찌하다   26
08 무엇이(가) 무엇이(가) 되다/아니다   28
09 무엇이(가) 무엇을 어찌하다   30
10 무엇이(가) 무엇에게 무엇을 어찌하다   32

3장 꾸밈 문장 만들기

한 낱말로 꾸미기

11 '어떤'으로 꾸미기   36
12 '어떻게'로 꾸미기   40
13 '소리를 나타내는 낱말'로 꾸미기   44
14 '모양을 나타내는 낱말'로 꾸미기   48
15 '어디에(서)'로 꾸미기   52
16 '무엇보다'로 꾸미기   56

두 낱말로 꾸미기

17 '무엇이 어떠한'으로 꾸미기   60
18 '무엇을 어찌한'으로 꾸미기   64

4장 문장 이어 쓰기

- **19** 예를 들어 설명하기 — 70
- **20** 빗대어 쓰기 — 74
- **21** 비교나 대조하기 — 78
- **22** 다음에 일어난 일 설명하기 — 82
- **23** 해결 방법 설명하기 — 86
- **24** 이유 설명하기 — 90
- **25** 결과 설명하기 — 94
- **26** 비슷하거나 반대되는 문장 쓰기 — 98
- **27** 분류하기 — 102
- **28** 자신의 느낌이나 감정 표현하기 — 106

5장 실전 문장 쓰기

- **29** 나의 얼굴 — 112
- **30** 날씨 — 114
- **31** 운동 경기 — 116
- **32** 동물 — 118
- **33** 친구 — 120
- **34** 존경하는 위인 — 122
- **35** 나의 고민 — 124
- **36** 여행하고 싶은 나라 — 126
- **37** 장래 희망 — 128
- **38** 휴일에 가고 싶은 곳 — 130
- **39** 생일 — 132
- **40** 음식 — 134

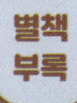

별책 부록

1 정답 및 참고 답안집
2 글쓰기 훈련집

문장의 요소 익히기

문장은 어떤 요소들로 이루어져 있을까요? 아래 문장을 한번 보세요.

철수는 / 글을 / 썼다.

위의 문장에서 띄어쓰기가 된 하나하나의 부분을 '어절'이라고 해요. 이러한 어절들이 합쳐져서 비로소 하나의 문장이 만들어져요. 그런데 이 어절에는 여러 종류가 있어요. 먼저 이 장에서는 문장에서 가장 기본적으로 쓰이는 어절의 종류를 알아볼 거예요.

---

01 **문장의 주어 익히기**
02 **문장의 서술어 익히기**
03 **문장의 목적어 익히기**
04 **문장의 보어 익히기**

문장의 주어 익히기

문장 속에는 주인공(상태나 성질, 움직임의 주체)을 차지하는 말이 있어요. 이 말을 '주어'라고 불러요.

둥근 모양은 무엇인가요?

보름달은 둥근 모양이다.

예쁜 것이 무엇인가요?

꽃이 예쁘다.

걸어가는 분이 누구인가요?

할머니께서 걸어가신다.

위의 문장에서 밑줄에 들어가는 말은 모두 '주어'예요.

① '주어'는 문장에서 '~은, ~는, ~이, ~가' 또는 '~에서'로 끝나는 경우가 많아요.
② 나이가 많은 분에게는 '~은, ~는, ~이, ~가' 대신 '~께서'를 붙여야 해요.

공부한 날   월   일

문제 풀며 익혀요

1. '주어'가 들어가 있는 풍선에 색을 칠해 주세요.

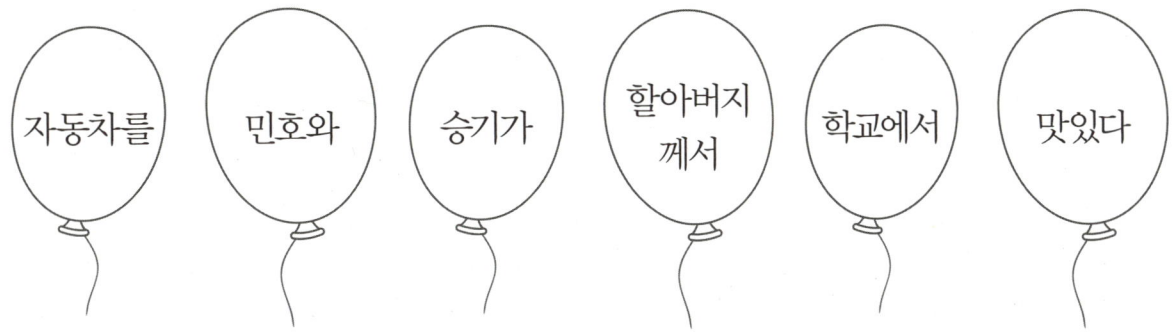

자동차를 민호와 승기가 할아버지께서 학교에서 맛있다

2. 빈칸에 알맞은 '주어'를 〈보기〉에서 찾아 써 보세요.

| 보기 | 미영이는   개나리가   비가 |

① _____ 피었다.   ② _____ 내린다.

③ _____ 1학년이다.

스스로 써 봐요

◆ 아래 빈칸에 알맞은 문장의 '주어'를 넣어 보세요.

① _____ 맛있다.

② _____ 동물이다.

③ _____ 뛰어간다.

01 문장의 주어 익히기 **13**

문장의 서술어 익히기

문장 속에서 '주어'의 행동이나 상태를 나타내는 말을 '서술어'라고 불러요.

> 테이블 위에 있는 것은 무엇인가요?

테이블 위에 있는 것은 사과이다.

> 소년이 무엇을 하고 있나요?

소년이 책을 읽는다.

> 바다가 어떠한가요?

바다가 푸르다.

위의 문장에서 밑줄에 들어가는 말은 모두 '서술어'예요.

① '서술어'는 문장에서 '~(이)다, ~하다'로 끝나는 경우가 많아요.
② 높임말을 쓸 때에는 '~(이)다, ~하다' 대신 '~(입)니다, ~합니다, ~이에요' 등을 붙여야 해요.

문제 풀여 익혀요

1 '서술어'라고 생각하는 낱말에 ○ 하세요.

| 오르다 | 그네를 | 학교에서 | 잡다 |

| 달린다 | 엄마가 | 의자를 | 따뜻하다 |

2 서로 잘 어울리는 것끼리 선을 이어 보세요.

날씨가	•	•	나무이다.
저것은	•	•	덥다.
비가	•	•	달린다.
다람쥐가	•	•	내린다.

스스로 써 봐요

◆ 아래 빈칸에 알맞은 '서술어'를 넣어 보세요.

1 나는 _____ .

2 할아버지께서 _____ .

3 돼지가 _____ .

02 문장의 서술어 익히기

03 문장의 목적어 익히기

문장 속에서 '주어'가 '무엇을' 하고 있는지 알려 주는 말을 '목적어'라고 해요.

소녀가 무엇을 먹고 있나요?

소녀가 <u>빵을</u> 먹고 있다.

소년이 무엇을 타고 있나요?

소년이 <u>그네를</u> 타고 있다.

아빠가 무엇을 하고 계신가요?

아빠가 <u>세수를</u> 하고 계신다.

위의 문장에서 밑줄에 들어가는 말은 모두 '목적어'예요.

 이것만은 꼭!

① 어떤 동작이나 행위의 대상이 되는 말을 '목적어'라고 해요.
② '목적어'는 문장에서 '~을, ~를'로 끝나는 말이에요.

문제 풀며 익혀요

1. '목적어'라고 생각하는 낱말에 ○ 하세요.

사과를   친구와   그림을   책을   마시다

2. 빈칸에 들어갈 올바른 '목적어'를 찾아 ○ 하세요.

지현이가	(책을, 책이)	읽는다.
정우는	(자전거에게, 자전거를)	탄다.
정재가 민호보다	(축구를, 축구가)	잘한다.

스스로 써 봐요

◆ 아래 빈칸에 알맞은 '목적어'를 넣어 보세요.

1. 사냥꾼이 _____ 잡았다.

2. 누나가 _____ 입었다.

3. 아기가 _____ 마신다.

문장의 보어 익히기

'주어'가 '무엇이' 되는지, '무엇이' 아닌지 알려 주는 문장에서 '무엇이'에 해당하는 말을 '보어'라고 해요.

아이는 무엇이 되었나요?

아이는 화가가 되었다.

토끼는 무엇이 아닌가요?

토끼는 고양이가 아니다.

서술어 '되었다', '아니다' 앞에서 '화가가'와 '고양이가'는 모두 '보어'의 역할을 하고 있어요.

① '보어'는 문장의 '주어'처럼 '~이, ~가'로 끝나는 말이에요.
② '보어'는 '서술어'인 '되다, 아니다' 앞에 나오는 말이에요.

문제 풀며 익혀요

1 아래 문장에서 '보어'에 해당하는 부분을 찾아 ○ 하세요.

| 얼음이 물이 되었다. | 저 색은 파란색이 아니다. |
| 애벌레는 나비가 되었다. | 그 소녀는 신데렐라가 아니다. |

2 올바른 문장이 되도록 밑줄 친 부분을 고쳐 쓰세요.

1. 거지는 <u>왕자를</u> 되었다. → 거지는 _____ 되었다.
2. 꽃은 <u>동물을</u> 아니다. → 꽃은 _____ 아니다.
3. 소년은 <u>요리사와</u> 되었다. → 소년은 _____ 되었다.
4. 고래는 <u>어류에게</u> 아니다. → 고래는 _____ 아니다.

스스로 써 봐요

◆ 아래 빈칸에 알맞은 '보어'를 넣어 보세요.

1. 강은 _____ 아니다.
2. 올챙이는 _____ 되었다.
3. 짜장면은 _____ 아니다.
4. 내 동생은 _____ 되었다.

기본 문장 익히기

앞에서 배운 주어, 서술어, 목적어, 보어만 활용해도 얼마든지 문장을 만들 수 있어요. 대부분의 문장은 기본 구조만 알면 쉽게 쓸 수 있답니다. 이 장에서는 1장에서 배운 주어, 서술어, 목적어. 보어 등을 활용해서, 자신이 말하고 싶은 생각을 기본 문장으로 써 보는 연습을 할 거예요.

05 무엇이(가) 무엇이다
06 무엇이(가) 어떠하다
07 무엇이(가) 어찌하다
08 무엇이(가) 무엇이(가) 되다/아니다
09 무엇이(가) 무엇을 어찌하다
10 무엇이(가) 무엇에게 무엇을 어찌하다

무엇이(가) 무엇이다

◆ 그림을 보고 빈칸을 알맞은 말로 채워 보세요.

_____은 _____이다.   _____는 _____이다.

◆ 빈칸에 알맞은 낱말을 찾아 ○ 하고, 완성된 문장을 소리 내어 읽어 보세요.

| 곤충이다, 사람이다, 물고기이다, 새이다 | 삼촌은, 철수를, 아빠의, 엄마이다 |

개미는 _____.   _____ 의사이다.

'무엇이 무엇이다' 문장에서 '무엇이'에는 주어가, '무엇이다'에는 서술어가 들어갈 수 있어요.

<보기> 보고 골라 써요

◆ 〈보기〉에 있는 낱말들을 알맞게 연결하여 빈칸에 쓰세요.

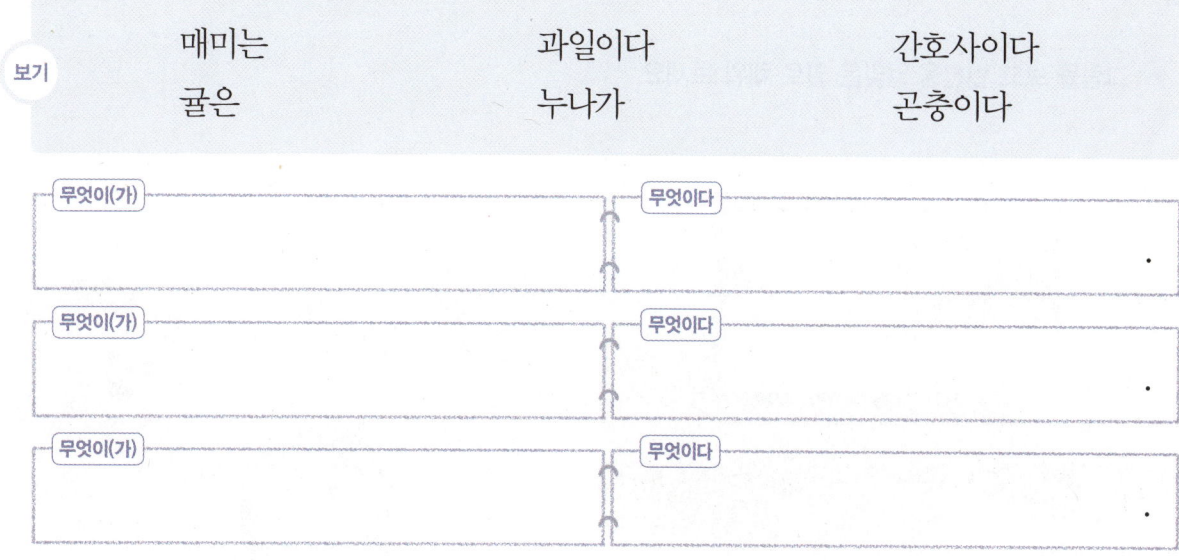

보기: 매미는 과일이다 간호사이다
     귤은   누나가   곤충이다

스스로 써 봐요

1. 다음 낱말 꾸러미에 서로 같은 관계로 연결되는 낱말을 생각나는 대로 쓰세요.

낱말 꾸러미: 비둘기 → 새,

2. 위에 적은 것을 토대로 '무엇이(가) 무엇이다' 문장을 만들어 보세요.

무엇이(가) 비둘기는 / 무엇이다 새이다.

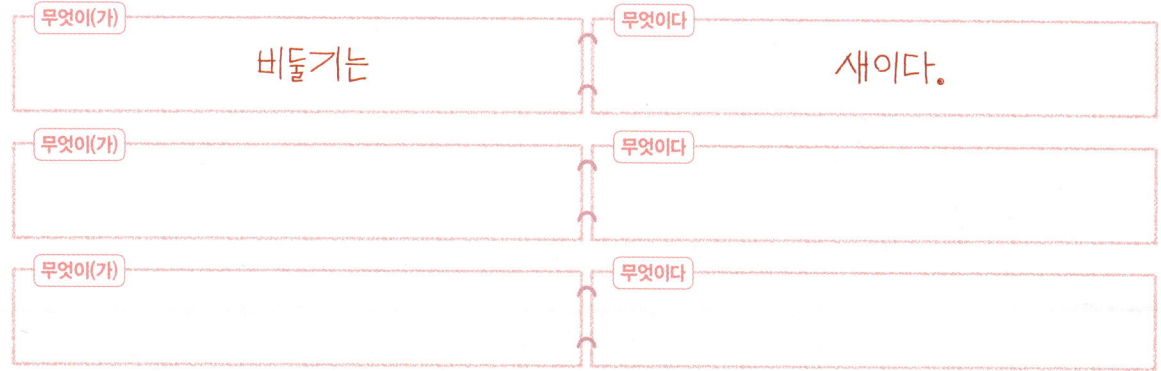

무엇이(가) 어떠하다

◆ 그림을 보고 빈칸을 알맞은 말로 채워 보세요.

_____가 _____다.　　　　_____가 _____다.

◆ 빈칸에 알맞은 낱말을 찾아 ○ 하고, 완성된 문장을 소리 내어 읽어 보세요.

| 달려간다, 노을이, 아름답다, 무지개를 | 학생이, 친절하시다, 책상을, 소리치게 |

무지개가 _____.　　　선생님께서 _____.

'어떠하다'에는 사람이나 사물, 동물의 '상태나 성질'을 나타낸 말이 들어갈 수 있어요.

<보기> 보고 골라 써요

◆ <보기>에 있는 낱말들을 알맞게 연결하여 빈칸에 쓰세요.

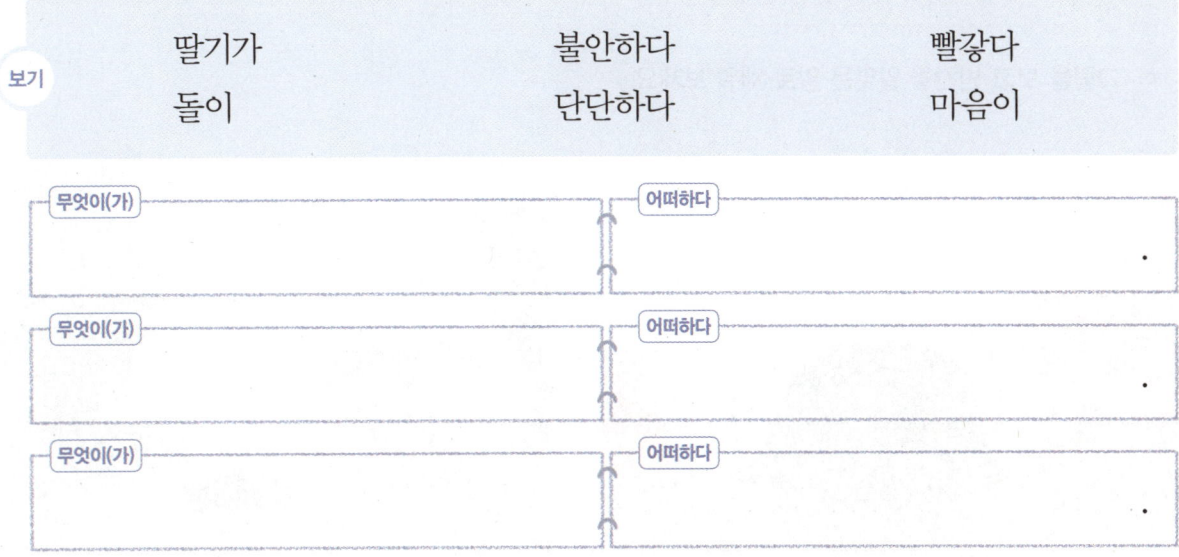

스스로 써 봐요

1. 다음 낱말 꾸러미에 어떤 대상을 쓰고 그 대상의 상태나 성질을 생각나는 대로 쓰세요.

   낱말 꾸러미 연필 → 뾰족하다,

2. 위에 적은 것을 토대로 '무엇이(가) 어떠하다' 문장을 만들어 보세요.

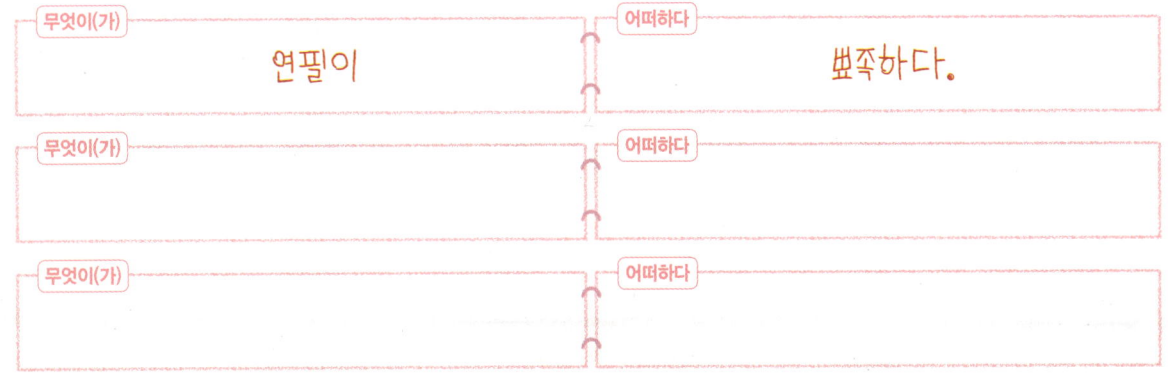

무엇이(가) 어찌하다

◆ 그림을 보고 빈칸을 알맞은 말로 채워 보세요.

_____가 _____다.   _____가 _____다.

◆ 빈칸에 알맞은 낱말을 찾아 ○ 하고, 완성된 문장을 소리 내어 읽어 보세요.

닭이, 날아간다,
공룡이다, 두루미를

참새가 _____.

친구를, 선생님이다,
포도가, 내 동생이

_____ 공부한다.

'어찌하다'에는 '움직임'을 나타낸 말이 들어갈 수 있어요.

공부한 날   월   일

<보기> 보고 골라 써요

◆ <보기>에 있는 낱말들을 알맞게 연결하여 빈칸에 쓰세요.

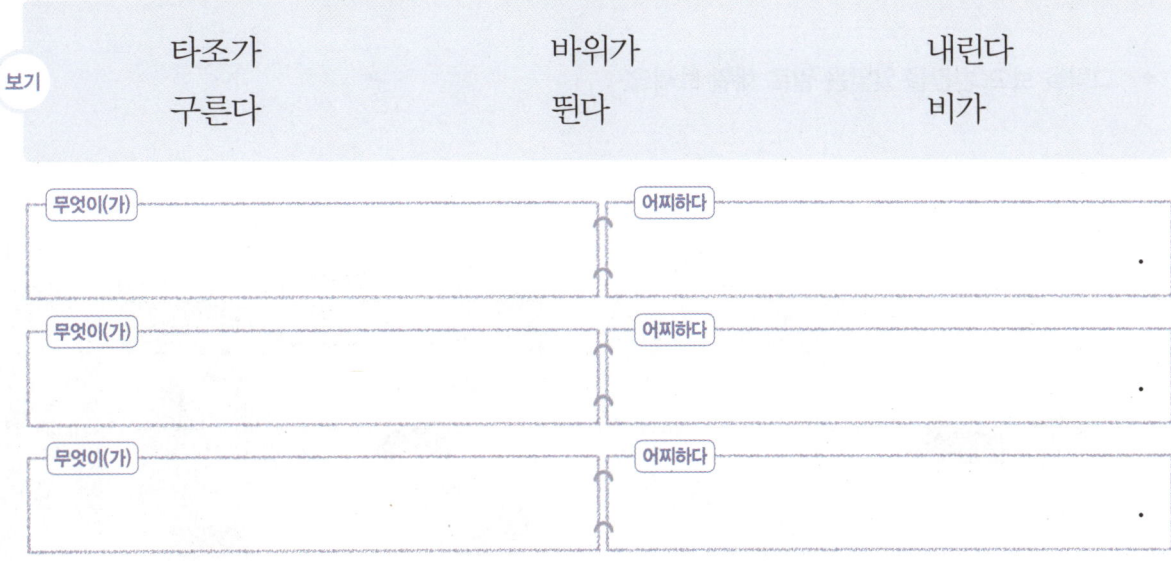

| 보기 | 타조가 | 바위가 | 내린다 |
| | 구른다 | 뛴다 | 비가 |

무엇이(가) / 어찌하다

스스로 써 봐요

1. 다음 낱말 꾸러미에 어떤 대상을 쓰고 그 대상의 움직임을 나타내는 말을 생각나는 대로 쓰세요.

낱말 꾸러미   바람 → 분다,

2. 위에 적은 것을 토대로 '무엇이(가) 어찌하다' 문장을 만들어 보세요.

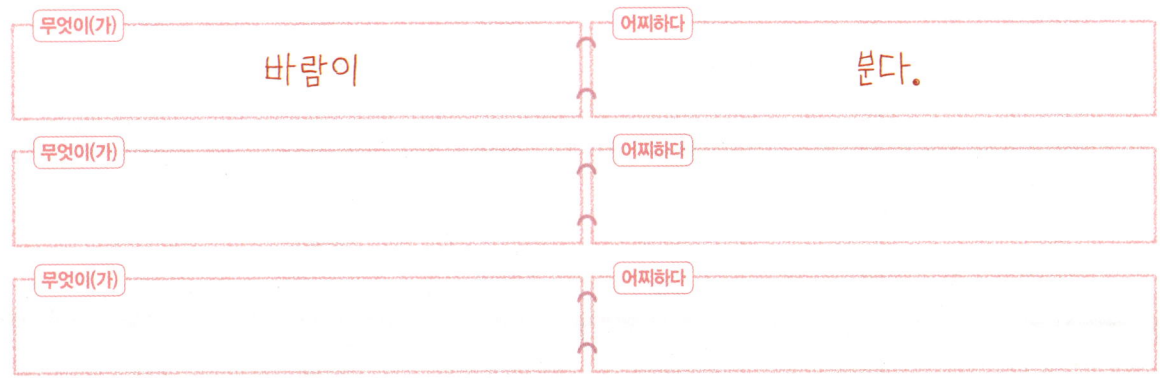

무엇이(가) 바람이   어찌하다 분다.

07 무엇이(가) 어찌하다

무엇이(가) 무엇이(가) 되다/아니다

◆ 그림을 보고 빈칸을 알맞은 말로 채워 보세요.

_____가 _____이 되다.

_____는 _____이 아니다.

◆ 빈칸에 알맞은 낱말을 찾아 ○ 하고, 완성된 문장을 소리 내어 읽어 보세요.

| 얼음이, 사과가,
강아지를, 얼었다 | 학생을, 되다,
운동장이다, 중학생이 |

물이 _____ 되다.   나는 _____ 아니다.

 **이것만은 꼭!**

① 보어는 주어와 마찬가지로 '이/가'로 끝나요.
② 보어는 서술어인 '되다/아니다' 앞에 들어갈 수 있어요.

<보기> 보고 골라 써요

◆ <보기>에서 알맞은 낱말을 골라 빈칸에 쓰세요.

| 보기 | 나비가 | 의자가 | 아니다 | 엄마는 |

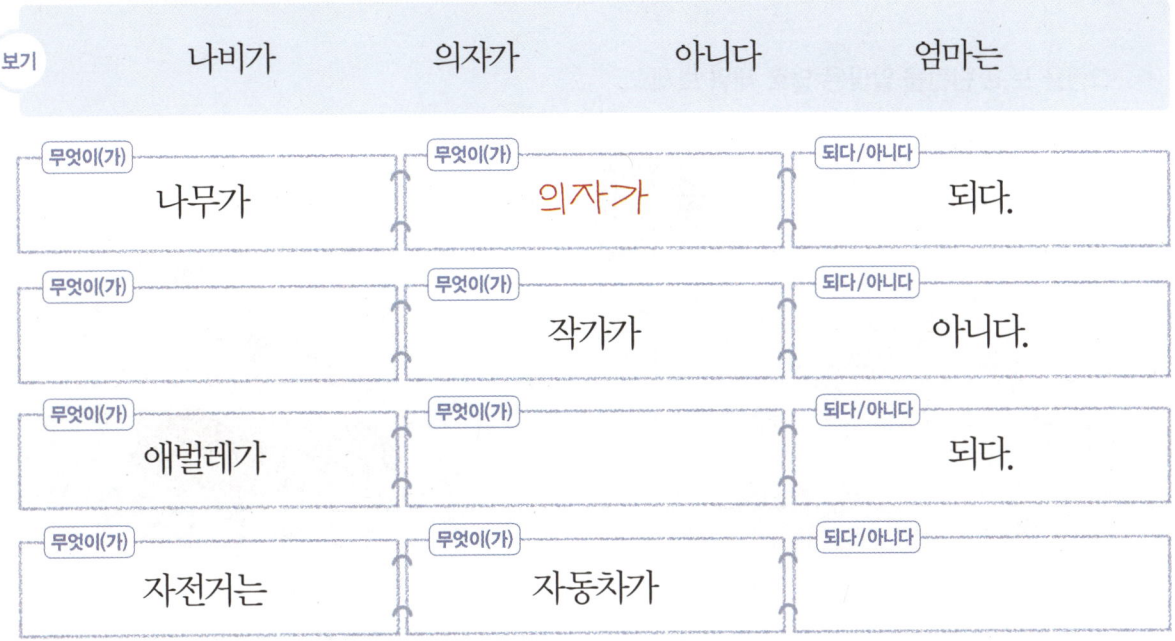

무엇이(가)	무엇이(가)	되다/아니다
나무가	의자가	되다.
	작가가	아니다.
애벌레가		되다.
자전거는	자동차가	

스스로 써 봐요

1. '무엇이(가) 무엇이(가) 되다' 문장을 생각나는 대로 자유롭게 써 보세요.

2. '무엇이(가) 무엇이(가) 아니다' 문장을 생각나는 대로 자유롭게 써 보세요.

무엇이(가) 무엇을 어찌하다

◆ 그림을 보고 빈칸을 알맞은 말로 채워 보세요.

_____가 _____을 잔다.   _____가 _____을 읽는다.

◆ 빈칸에 알맞은 낱말을 찾아 ○ 하고, 완성된 문장을 소리 내어 읽어 보세요.

꽃이, 꽃에게, 꽃을, 꽃보다	싫어한다, 읽는다, 뛴다, 잔다
벌이 _____ 좋아한다.	내 동생이 바퀴벌레를 _____.

'무엇이'에는 주어가, '무엇을'에는 목적어가 들어갈 수 있어요.

<보기> 보고 골라 써요

◆ <보기>에 있는 낱말들을 알맞게 연결하여 빈칸에 쓰세요.

| 보기 | 다이빙을
포동이가
어부가 | 물고기를
먹는다
낚는다 | 한다
짬뽕을
수영 선수가 | 자장가를
엄마가
부른다 |

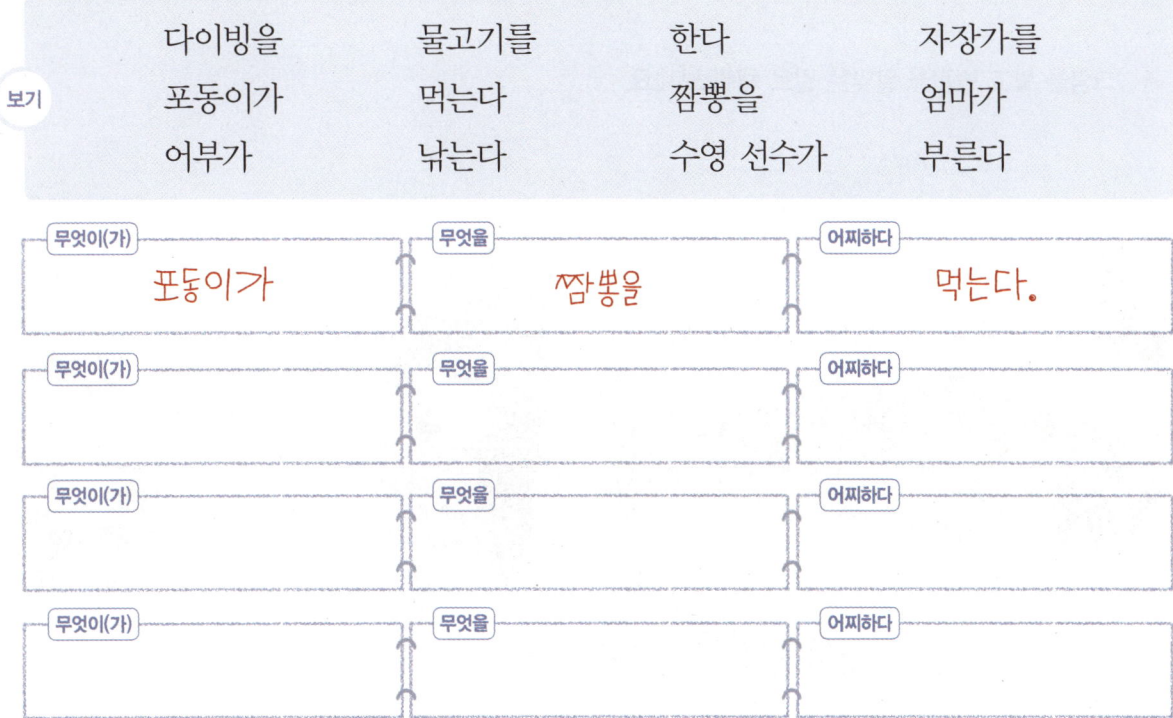

스스로 써 봐요

◆ '무엇이(가) 무엇을 어찌하다' 문장을 생각나는 대로 자유롭게 써 보세요.

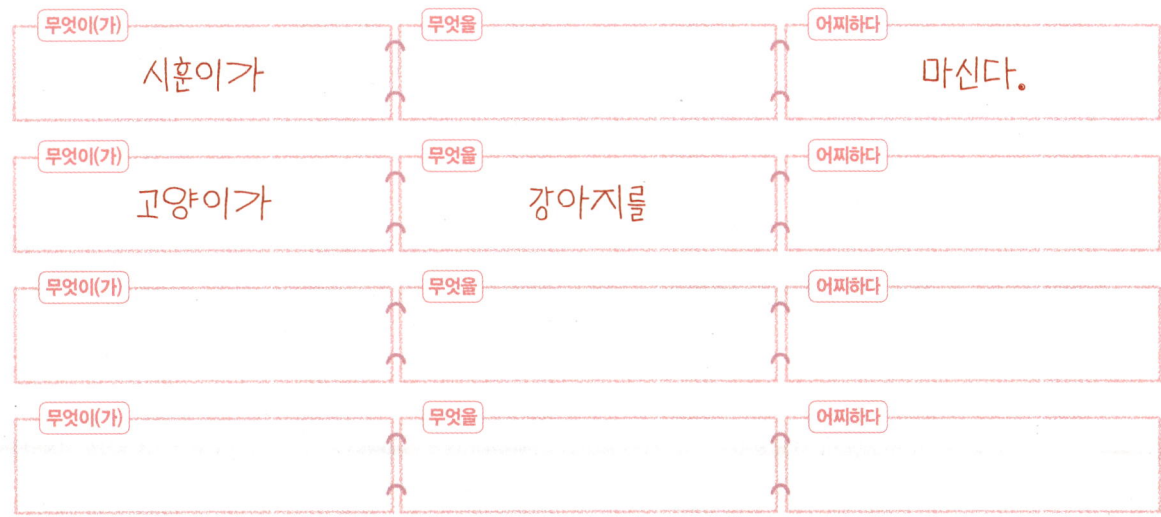

무엇이(가) 무엇에게 무엇을 어찌하다

◆ 그림을 보고 빈칸을 알맞은 말로 채워 보세요.

코끼리가 _____ _____ 건넨다.

철수가 _____ _____ 던진다.

◆ 빈칸에 알맞은 낱말을 찾아 ○ 하고, 완성된 문장을 소리 내어 읽어 보세요.

소를, 소에게, 소보다, 소가

농부가 _____ 여물을 준다.

마신다, 먹는다, 사랑한다, 시키신다

선생님께서 영희에게 심부름을 _____.

이것만은 꼭! '무엇이(가) 무엇에게 무엇을 어찌하다' 문장에서 '어찌하다'에는 '건넨다, 던진다, 준다, 시킨다' 등의 서술어가 들어갈 수 있어요.

<보기> 보고 골라 써요

◆ <보기>에 있는 낱말들을 알맞게 연결하여 빈칸에 쓰세요.

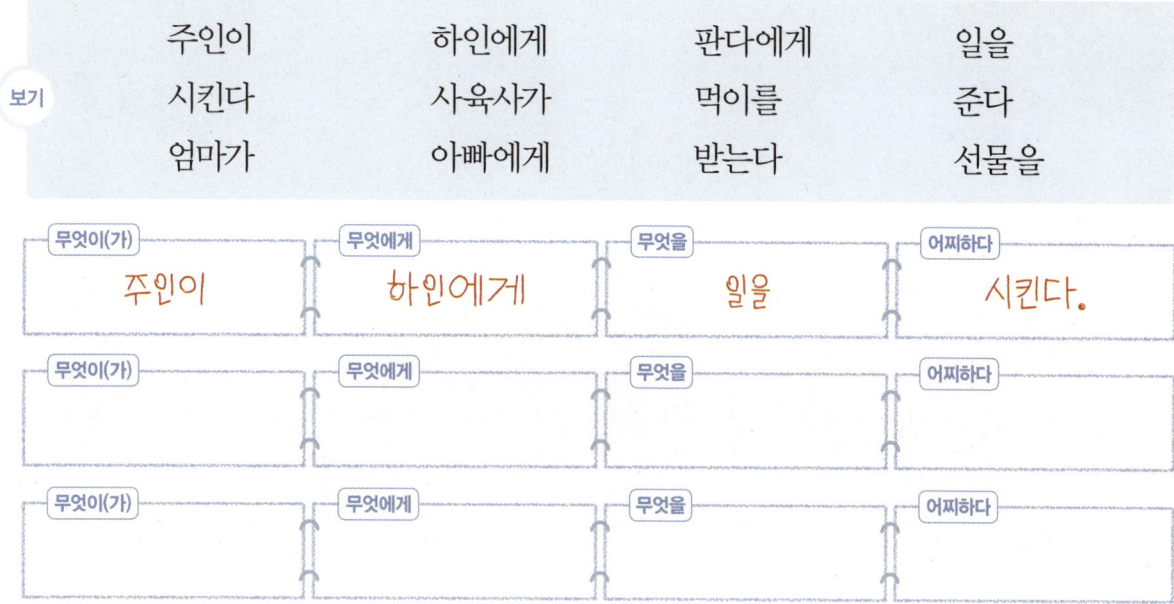

스스로 써 봐요

◆ 다음 낱말 꾸러미에 있는 낱말들을 이용하여 빈칸을 채워 보세요.

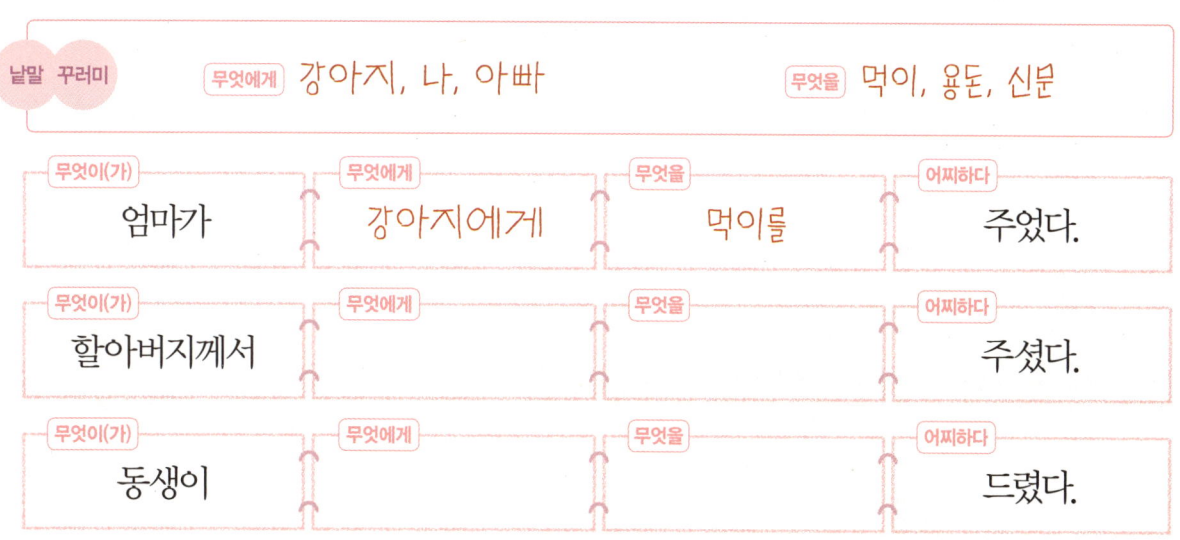

꾸밈 문장 만들기

이 장에서는 앞에서 배운 기본 문장을 꾸미는 연습을 해볼 거예요. 문장을 꾸미는 방법에는 여러 가지가 있어요. 다양한 꾸밈말이 문장에 들어가면 문장을 좀 더 생생하고 구체적으로 표현할 수 있어요. 또한 문장이 다양해지고 풍성해져요.

한 낱말로 꾸미기

11 '어떤'으로 꾸미기
12 '어떻게'로 꾸미기
13 '소리를 나타내는 낱말'로 꾸미기
14 '모양을 나타내는 낱말'로 꾸미기
15 '어디에(서)'로 꾸미기
16 '무엇보다'로 꾸미기

두 낱말로 꾸미기

17 '무엇이 어떠한'으로 꾸미기
18 '무엇을 어찌한'으로 꾸미기

'어떤'으로 꾸미기

'어떤'은 사람이나 사물, 동물 등을 꾸밀 때 써요. 아래 그림을 보세요. 강아지는 어떤 동물인가요?

이렇게 문장 속에서 '어떤'을 넣으면 사람이나 사물, 동물 등의 성질이나 상태를 구체적으로 설명할 수 있어요. '어떤'은 사람이나 사물, 동물 등을 꾸미는 말이에요.

알맞은 것을 골라요

◆ 아래 상자에서 '어떤'에 해당하는 말을 모두 골라 ○ 하세요.

예쁜	아름답게	항상	너무
멋진	큰	부지런하게	배부른

문제 풀며 익혀요

1 서로 가장 잘 어울리는 것끼리 선을 이어 보세요.

① 뚱뚱한 •   • 거북이

② 둥근   •   • 돼지

③ 느린   •   • 달

2 오른쪽의 낱말을 꾸며 주는 말을 왼쪽에서 모두 찾아 ○ 하세요.

하얗게, 하얀, 멋진, 남극에서	펭귄
예쁜, 좋게, 사랑한다, 작은	옷
늑대, 뚱뚱한, 가깝고, 귀여운	고양이

문장에 꾸며 주는 말이 들어감으로써
문장의 뜻을 더 재미있고 풍성하게 만들 수 있어요.

3 아래 문장에 알맞은 낱말을 골라 ○ 하세요.

① 이 꽃은 (노란 / 노랗게) 개나리이다.

② 사자는 (사납게 / 사나운) 동물이다.

③ 아빠는 (자상한 / 자상하게) 분이다.

<보기>에서 골라 써요

1 <보기>의 낱말들을 사용하여 그림에 알맞은 문장을 만들어 보세요.

보기	친구이다	거지이다	수민이는
	고마운	불쌍한	그 남자는

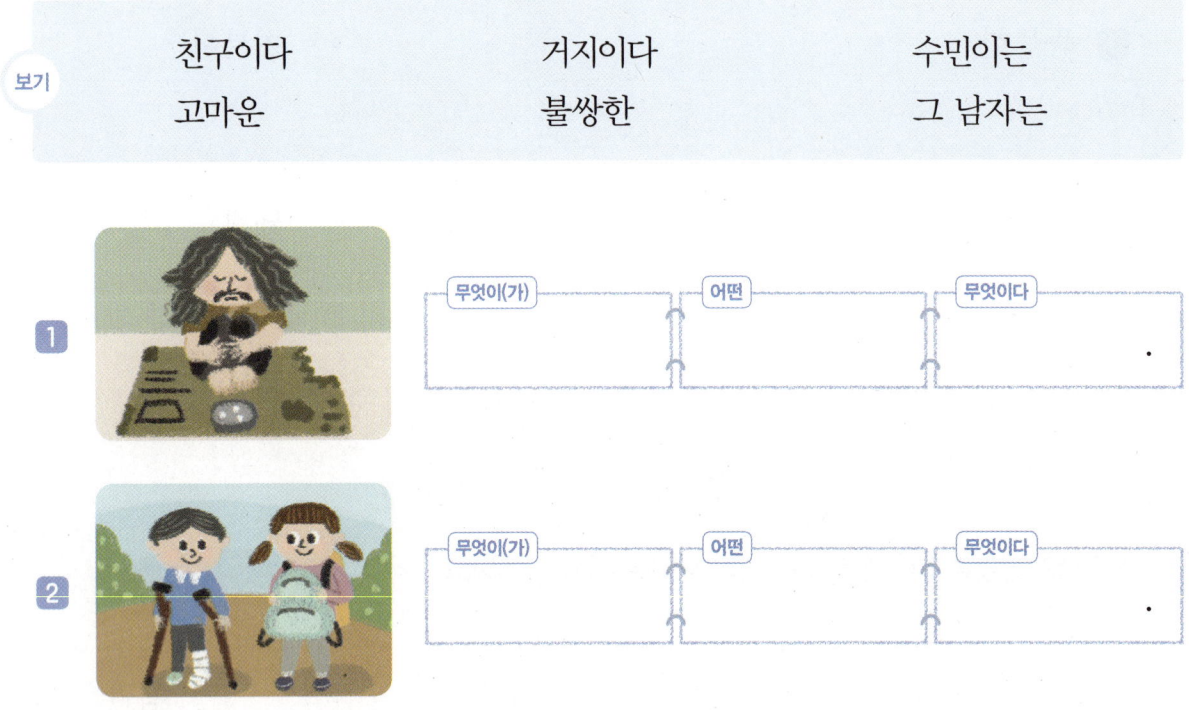

2 빈칸에 가장 알맞은 낱말을 <보기>에서 골라 쓰세요.

| 보기 | 싱거운 | 짠 | 무서운 | 차가운 | 아름다운 |

1. 수근이가 [　　　　] 물을 마셨다.
2. [　　　　] 호랑이가 나에게 달려왔다.
3. [　　　　] 찌개에 [　　　　] 소금을 넣었다.
4. 새가 [　　　　] 노래를 부른다.

38 3장 꾸밈 문장 만들기

스스로 써 봐요

1 다음 '서술어'를 꾸미는 말로 바꿔 써 보세요.

| 세종대왕 | 훌륭하다 → 훌륭한 | 풀 | 끈적하다 → |
| 돼지 | 배고프다 → | 소파 | 푹신하다 → |

2 위에 적은 것을 바탕으로 〈보기〉처럼 꾸미는 말이 들어간 문장을 만들어 보세요.

보기	훌륭한	세종대왕이	한글을	만들었다.
	종이에			발랐다.
			먹이를	먹었다.

3 그림을 보고 '어떤'을 넣어서 꾸미는 문장을 만들어 보세요.

_____ 왕자가 _____ 책을 읽고 있다.   _____ 공주가 _____ 드레스를 입었다.

'어떻게'로 꾸미기

'어떻게'는 상태나 성질, 움직임을 나타내는 말을 꾸밀 때 써요. 그럼 '어떻게'로 꾸민 문장을 살펴볼까요?

이렇게 문장 속에 '어떻게'를 넣으면 사람이나 사물, 동물 등의 상태나 동작이 어떤지를 자세히 알 수 있어요. '어떻게'는 서술어를 꾸미는 말이에요.

알맞은 것을 골라요

여러 가지 서술어 앞에 아래 낱말을 하나하나 붙여 보세요.
어울리면 '어떻게'에 해당하는 낱말이에요.

◆ 아래 상자에서 '어떻게'에 해당하는 말을 모두 골라 ○ 하세요.

| 빠르게 | 움직이는 | 조금 | 재미있는 |
| 아주 | 작은 | 알뜰하게 | 맛있는 |

문제 풀여 익혀요

1 서로 가장 잘 어울리는 것끼리 선을 이어 보세요.

1 높이 •　　　　　　　　　　• 떠들다

2 금방 •　　　　　　　　　　• 도착하다

3 시끄럽게 •　　　　　　　　　• 날다

2 빈칸에 들어갈 수 있는 낱말을 모두 찾아 ○ 하세요.

빨리, 꽥꽥, 느리게, 예쁜	꽤, 재빨리, 아름다운, 매우
_____ 뛰다	_____ 많다

3 아래 문장을 '꾸며 주는 말'로 알맞은 것에 ○ 하세요.

물이	높이, 서서히, 힘차게, 멋지게	마르다
꽃이	빨갛게, 빨리, 전혀, 맛있게	피어 있다
줄이	매우, 냉큼, 귀엽게, 빠르게	길다

<보기>에서 골라 써요

1 <보기>의 낱말들을 사용하여 그림에 알맞은 문장을 만들어 보세요.

보기	초코우유가　　배부르게　　놓여 있다　　호동이가 과자를　　　나란히　　　먹었다

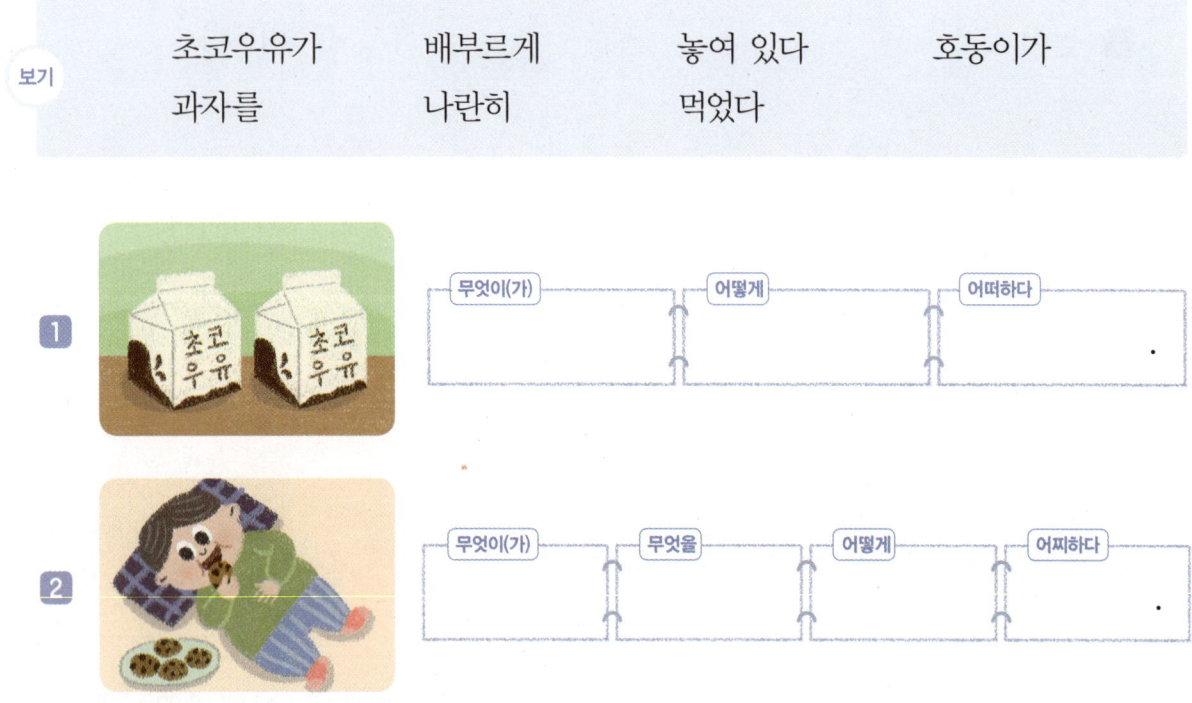

2 오늘 시훈이는 동물원에 다녀와서 일기를 썼어요. 빈칸에 알맞은 말을 <보기>에서 찾아 쓰세요.

보기	가만히　　맛있게　　크게　　힘차게　　일찍

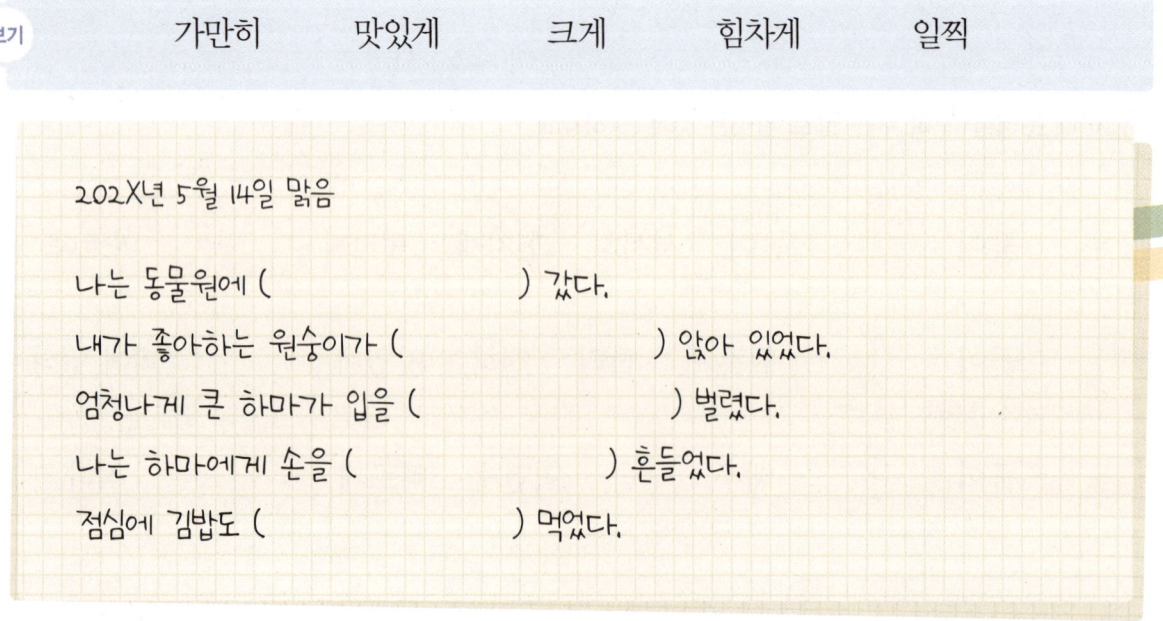

202X년 5월 14일 맑음

나는 동물원에 (　　　　) 갔다.
내가 좋아하는 원숭이가 (　　　　) 앉아 있었다.
엄청나게 큰 하마가 입을 (　　　　) 벌렸다.
나는 하마에게 손을 (　　　　) 흔들었다.
점심에 김밥도 (　　　　) 먹었다.

스스로 써 봐요

1 왼쪽 칸에 있는 낱말을 올바르게 바꾸어 문장을 꾸며 주세요.

1. 예쁘다 → 선우는 글씨를 _____ 썼다.
2. 씩씩하다 → 철호는 _____ 학교에 갔다.
3. 빠르다 → 민성이가 강둑 위를 _____ 달렸다.

2 빈칸에 '어떻게'에 해당하는 꾸밈말을 넣어 보세요.

1. 작은 쥐가 고양이로부터 _____ 도망쳤다.
2. 내 동생은 영어 공부를 _____ 했다.
3. 그 소녀는 _____ 춤을 추었다.

3 그림을 보고 '어떻게'를 넣어서 꾸미는 문장을 만들어 보세요.

펭귄이 종이접기를 _____ 한다.   코끼리가 땀을 _____ 흘리고 있다.

'소리를 나타내는 낱말'로 꾸미기

'소리를 나타내는 말'은 서술어가 어떤 소리가 나는지 알려줘요. 아래 그림을 보세요. 각각의 소리가 어떻게 울리나요?

이렇게 '소리를 나타내는 말'이 들어가면 문장이 살아 있는 것처럼 생동감이 넘쳐요. 또 움직임을 나타내는 말(울다, 따르다 등)에서 무슨 소리가 나는지 구체적으로 알려주지요.

알맞은 것을 골라요

'엉금엉금'은 기는 모양을 나타내는 말이에요.

◆ 아래 상자에서 '소리를 나타내는 말'에 해당하는 낱말을 모두 골라 ○ 하세요.

| 하하 | 시원하게 | 신나게 | 뒤뚱뒤뚱 |
| 야옹 | 엉금엉금 | 멍멍 | 삐악삐악 |

문제 풀며 익혀요

1 다음 그림에 어울리는 '소리를 나타내는 말'을 찾아 ○ 하세요.

멍멍   야옹

주룩주룩   알록달록

2 '소리를 나타내는 말'에 어울리는 그림을 찾아 ∨ 하세요.

<보기>에서 골라 써요

1. <보기>의 낱말들을 사용하여 그림에 알맞은 문장을 만들어 보세요.

보기	맴맴	노래해요	매미가
	울어요	삐악삐악	병아리가

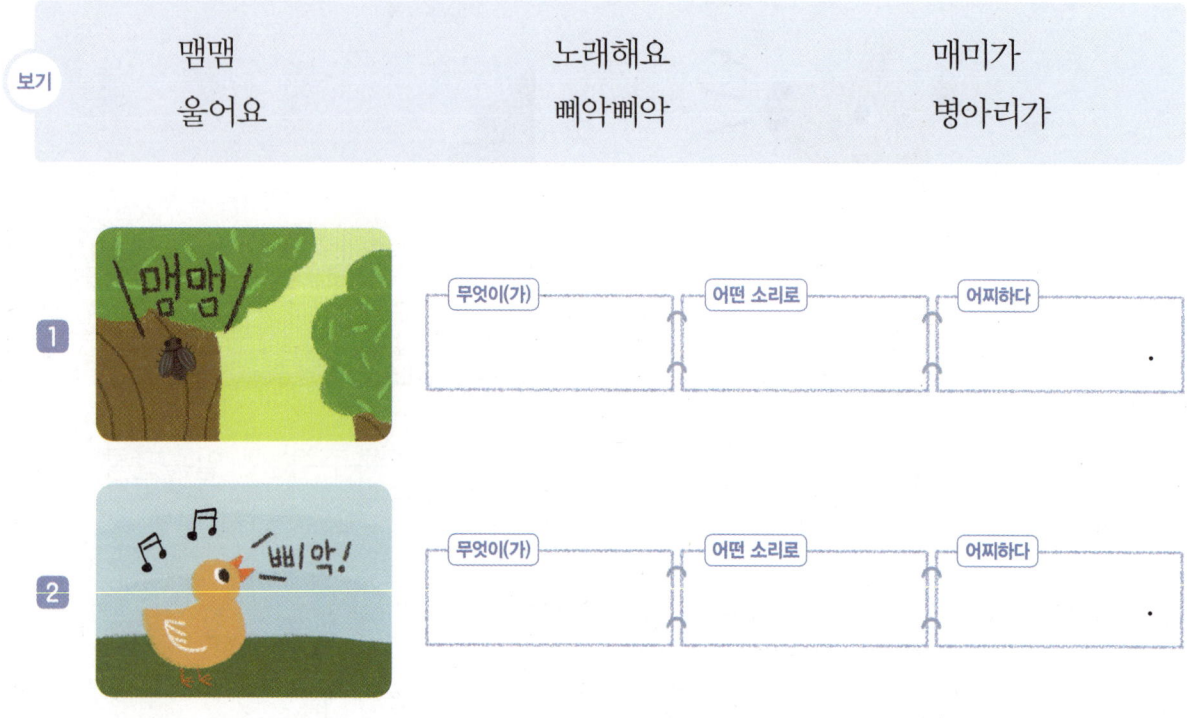

2. <보기>에서 알맞은 소리를 나타내는 말을 찾아서 빈칸에 쓰세요.

보기	또각또각	철썩철썩	벌컥벌컥	딸랑딸랑

① 엄마의 발자국 소리가 ☐ 들렸다.

② 축구를 하고 더웠던 나는 콜라를 ☐ 마셨다.

③ 바닷가에서 ☐ 파도 소리가 들렸다.

④ 멀리서 종이 ☐ 울렸다.

스스로 써 봐요

1\. 위 그림에서 연상되는 '소리를 나타내는 말'을 생각나는 대로 적어 보세요.

> 개골개골,

소리를 흉내 내는 말은 들어가는 모음에 따라 느낌이 달라지는데 ㅏ, ㅗ는 밝고 명랑한 느낌을, ㅓ, ㅜ는 어둡고 묵직한 느낌을 줘요. '찰랑찰랑'과 '철렁철렁'의 느낌을 비교해 보세요.

2\. 위에 적은 것을 활용하여 꾸미는 문장을 만들어 보세요.

'모양을 나타내는 낱말'로 꾸미기

'모양을 나타내는 말'은 사람이나 사물, 동물의 모양이나 움직임을 흉내 낸 말이에요. 모양이나 움직임을 어떻게 글자로 나타낼 수 있을까요?

'모양을 나타내는 말'은 문장의 내용을 생동감 있게 만들어요. 또 '모양을 나타내는 말'을 문장에 사용하면 더 재미있는 표현을 할 수 있어요.

알맞은 것을 골라요

모양의 느낌을 잘 찾아보세요.

◆ 아래 상자에서 '모양을 나타내는 말'에 해당하는 낱말을 모두 골라 ○ 하세요.

| 성큼성큼 | 무럭무럭 | 슬금슬금 | 찰칵 |
| 반짝반짝 | 짝짝짝 | 음메 | 둥실둥실 |

문제 풀여 익혀요

1 다음 그림에 어울리는 '모양을 나타내는 말'을 찾아 ○ 하세요.

| 깡충깡충 | 나풀나풀 |

| 뱅뱅 | 후다닥 |

2 '모양을 나타내는 말'에 어울리는 그림을 찾아 ∨ 하세요.

14 '모양을 나타내는 낱말'로 꾸미기

<보기>에서 골라 써요

1. <보기>의 낱말들을 사용하여 그림에 알맞은 문장을 만들어 보세요.

| 보기 | 기어가요 | 사뿐사뿐 | 걸어요 |
| | 발레리나가 | 엉금엉금 | 거북이가 |

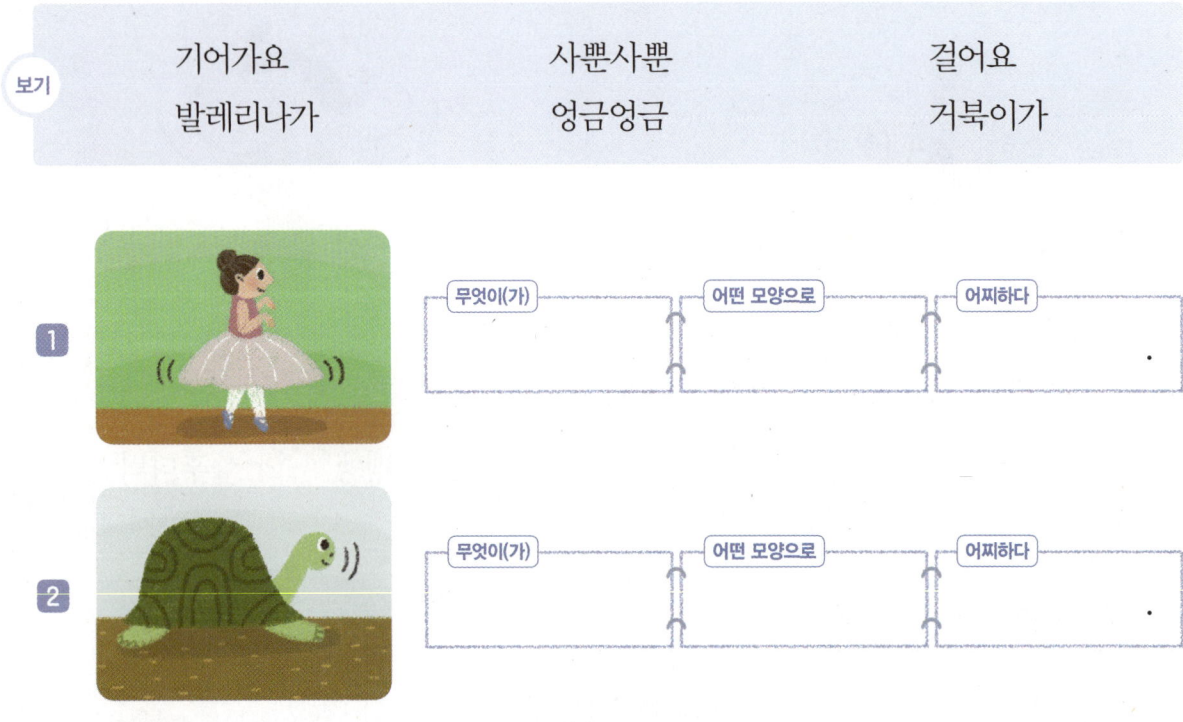

① 무엇이(가) [　　　] 어떤 모양으로 [　　　] 어찌하다 [　　　].

② 무엇이(가) [　　　] 어떤 모양으로 [　　　] 어찌하다 [　　　].

2. <보기>에서 알맞은 모양을 나타내는 말을 찾아서 빈칸에 쓰세요.

| 보기 | 갸우뚱 | 엎치락뒤치락 | 덥석 | 어슬렁어슬렁 |

① 뽀로로가 자신을 구해 준 경찰의 손을 [　　　　] 잡았다.

② 두 팀의 승부가 계속 [　　　　] 하고 있었다.

③ 친구들이 세민이에게 박수를 치자 세민이는 고개를 [　　　　] 했다.

④ 호랑이가 [　　　　] 나에게 다가왔다.

스스로 써 봐요

1. 위 그림에서 연상되는 '모양을 나타내는 말'을 생각나는 대로 적어 보세요.

이글이글,

2. 위에 적은 것을 활용하여 꾸미는 문장을 만들어 보세요.

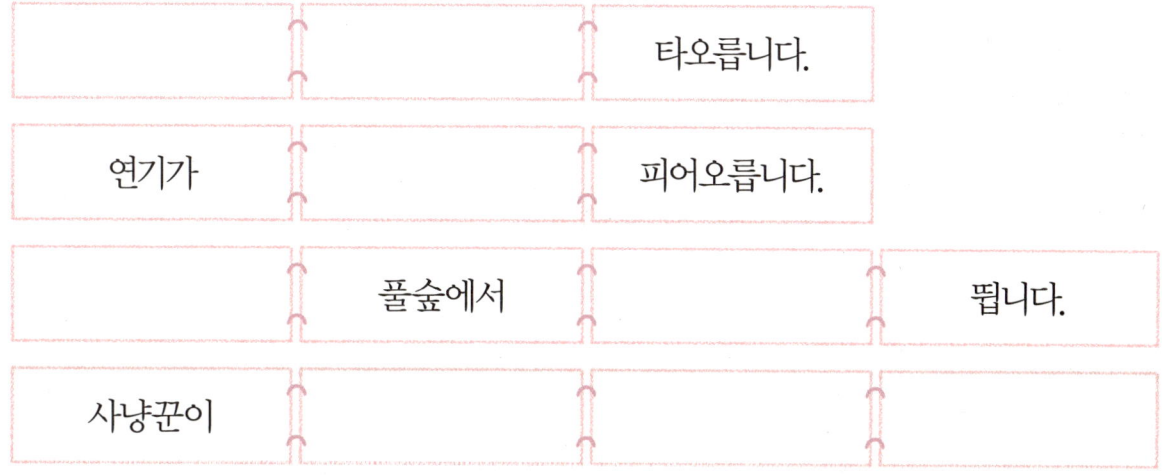

'어디에(서)'로 꾸미기

'어디에(서)'는 장소를 나타내는 표현이에요. 문장에 장소를 나타내면 문장의 뜻을 더욱 구체적으로 표현할 수 있어요.

무엇이 '어디에(서)' 있는지 표현하면 문장의 상황을 쉽게 파악할 수 있어요. '어디에(서)'라는 표현은 서술어 앞에 와요.

알맞은 것을 골라요

◆ 여러 동물은 어디에서 무엇을 할까요? 알맞은 낱말을 골라 ○ 하세요.

1 코끼리는 (초원에서 / 지붕 위에서) 산다.

2 고래는 (하늘에서 / 바다 위에서) 숨을 쉰다.

문제 풀며 익혀요

1. 다음 문장에서 장소를 나타낸 표현에 ○ 하세요.

   ① 과수원에서 고양이가 놀았다.

   ② 동연이가 학교에서 축구를 했다.

   ③ 아빠가 시장에서 꽈배기를 샀다.

2. 그림을 보고 빈칸에 알맞은 장소를 나타내는 말을 넣어 보세요.

지원이가 _____ 박쥐를 보았다.   하늘이가 _____ 갔다.

세민이와 유주가 _____ 만났다.   재훈이가 _____ 영화를 보았다.

<보기>에서 골라 써요

1. <보기>의 낱말들을 사용하여 그림에 알맞은 문장을 만들어 보세요.

| 보기 | 지성이가 탄다 | 썰매를 초원에서 | 빙판에서 얼룩말을 | 사자가 쫓는다 |

2. 각각의 사람이나 동물이 '어디에(서)' 무엇을 하는지 알맞은 말을 <보기>에서 골라 쓰세요.

| 보기 | 침대에서 | 공원에 | 책상에서 | 하늘에서 |

1 현욱이가 [   ] 공부를 한다.

2 강아지가 [   ] 산책을 갔다.

3 할아버지께서 [   ] 주무신다.

4 독수리가 [   ] 날고 있다.

스스로 써 봐요

1 그림을 보고 빈칸에 '어디에(서)'에 해당하는 말을 써 넣어 문장을 완성하세요.

나는 _____ 공부를 했다.

나는 _____ 야구를 하러 갔다.

2 오른쪽 칸의 행동을 할 수 있는 장소를 생각나는 대로 적어 보세요.

운동장에서,	뛰었다
	누웠다
	공부했다

3 위 2번에서 적은 것을 바탕으로 '어디에(서)'가 들어간 문장을 적어 보세요.

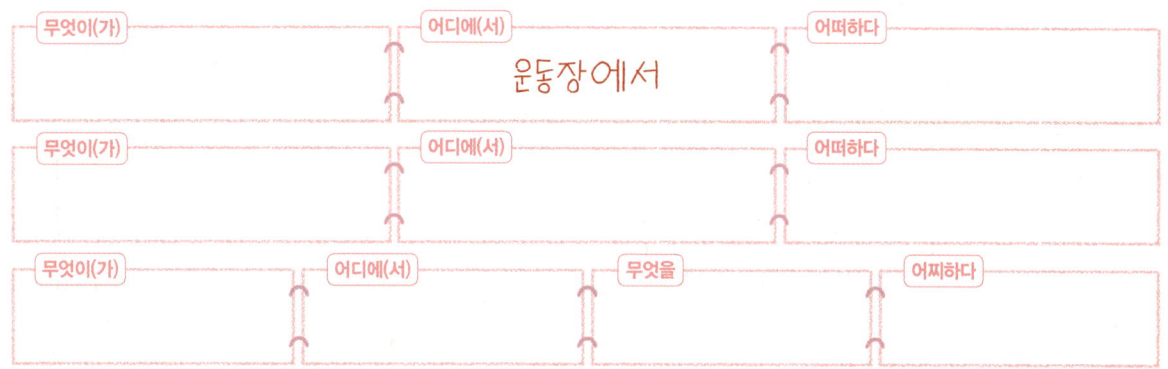

4주차 1일

'무엇보다'로 꾸미기

'무엇보다'는 서로 차이가 있는 것을 비교할 때 쓰는 표현이에요. '무엇보다'로 문장을 어떻게 꾸밀 수 있을까요?

귤이 (수박보다) 많다.
무엇이(가) 무엇보다 어떠하다

수박이 (귤보다) 적다.
무엇이(가) 무엇보다 어떠하다

'~보다'는 비교의 대상이 되는 말에 붙어 '~에 비해서'라는 뜻을 가져요. '무엇보다' 뒤에는 '어떠하다(상태나 성질을 나타내는 말)'라는 서술어가 와요.

알맞은 것을 골라요

◆ 올바른 비교 대상이 되는 말은 무엇일까요? 알맞은 낱말을 골라 ○ 하세요.

1. 축구공은 (야구공보다 / 농구공보다) 크다.

2. 봄은 (여름보다 / 겨울보다) 덥다.

문제 풀며 익혀요

1 서로 잘 어울리는 것끼리 선을 이어 보세요.

선우는	•	•	고양이보다	•	•	명랑하다
고무는	•	•	영진이보다	•	•	무섭다
호랑이는	•	•	나무보다	•	•	말랑말랑하다

2 빈칸에 들어갈 수 있는 낱말을 모두 찾아 ○ 하세요.

무겁다, 하얗다, 달린다, 크다

코끼리는 사람보다 _____.

먹다, 차갑다, 노랗다, 딱딱하다

얼음은 물보다 _____.

3 그림을 보고 문장의 빈칸에 알맞은 낱말을 적어 보세요.

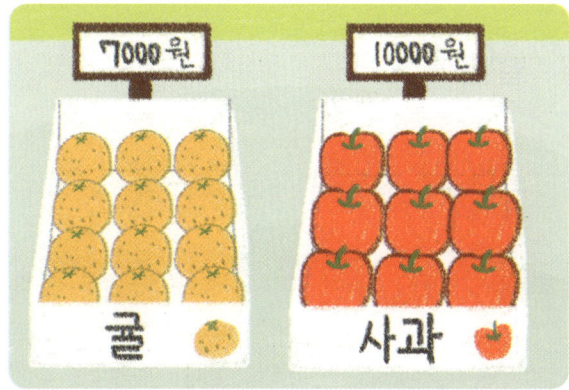

_____은 _____보다 싸다.   _____는 _____보다 비싸다.

16 '무엇보다'로 꾸미기

<보기>에서 골라 써요

1 <보기>의 낱말들을 사용하여 그림에 알맞은 문장을 만들어 보세요.

보기	코끼리는	빠르다	크다
	기차보다	강아지보다	비행기가

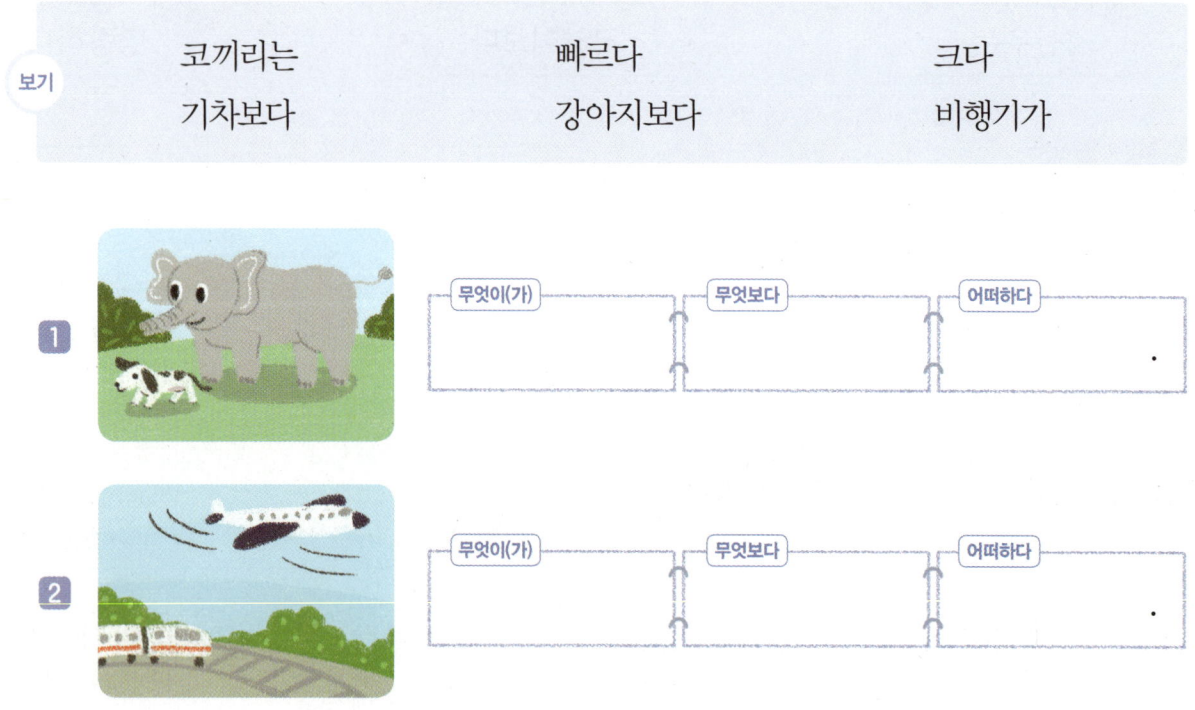

2 <보기>에서 알맞은 낱말을 골라 '무엇이(가) 무엇보다 어떠하다' 문장을 만들어 보세요.

보기	바다보다	토마토보다	사슴보다	승용차보다

1 딸기는 ☐ 달다.

2 버스는 ☐ 크다.

3 강은 ☐ 좁다.

4 돼지는 ☐ 뚱뚱하다.

스스로 써 봐요

1. 책상 위의 물건을 잘 살펴보고 올바른 문장이 되도록 빈칸을 채워 보세요.

   ① 연필이 <u>볼펜보다</u> 길다.   볼펜이 <u>연필보다</u> 짧다.

   ② 사이다가 _____ 작다.   콜라가 _____ 크다.

   ③ 지우개가 _____ 많다.   자가 _____ 적다.

2. '어떠하다(크다, 춥다, 느리다)'에 어울리는 '무엇이(가) 무엇보다 어떠하다' 문장을 만들어 보세요.

16 '무엇보다'로 꾸미기

'무엇이 어떠한'으로 꾸미기

'무엇이 어떠한'은 앞에서 배운 '어떤'과 크게 다르지 않아요. '무엇이 어떠한'도 사람이나 사물, 동물 등을 꾸밀 때 써요. 아래 그림을 보세요. 사슴은 '무엇이 어떠한' 동물인가요?

'어떤'보다 '무엇이 어떠한'이 사람이나 사물, 동물 등의 상태나 성질을 더 구체적으로 설명할 수 있어요.

알맞은 것을 골라요

◆ 오른쪽 칸 낱말에 어울리는 말을 골라 ○ 하세요.

모양을 예쁜, 모양이 예쁜	컵
목이 긴, 목을 긴	기린

문제 풀며 익혀요

1. 다음 문장에서 '무엇이 어떠한'으로 꾸며 주는 부분을 찾아 ○ 하세요.

   1) 나는 모양이 둥근 달을 보았다.

   2) 그 소녀는 향기가 좋은 비누를 샀다.

   3) 나는 어제 길에서 색깔이 검은 고양이를 만났다.

2. 괄호 안의 낱말들을 올바로 배열하여 문장을 완성해 보세요.

   1) (펭귄입니다, 하얀, 몸이)

   → 뽀로로는 ☐ ☐ ☐ .

   2) (옷을, 색깔이, 검은, 샀다)

   → 찬율이가 ☐ ☐ ☐ ☐ .

   3) (배가, 고픈, 먹이를, 주었다, 강아지에게)

   → 나는 ☐ ☐ ☐ ☐ ☐ .

3. 그림을 보고 '무엇이 어떠한'으로 꾸며 주는 말을 빈칸에 쓰세요.

 ☐ 의자

 ☐ 친구

<보기>에서 골라 써요

1 다음 낱말들을 <보기>처럼 바꿔 다시 쓰세요.

> 보기   공원에 사람이 많다 → 사람이 많은 공원

1. 하늘에서 별이 반짝인다. →
2. 강아지의 몸이 하얗다. →
3. 독수리의 부리가 날카롭다. →
4. 상우는 키가 크다. →
5. 다연이는 예의가 바르다. →

2 <보기>에서 알맞은 꾸미는 말을 찾아서 빈칸에 쓰세요.

> 보기   머리가 긴   물결이 잔잔한   털이 많은   나무가 우거진

1. _____ 승희가 미용실에 갔다.
2. 나는 _____ 호숫가를 걸었다.
3. 아빠는 _____ 숲에서 캠핑을 했다.
4. _____ 강아지가 내 앞을 지나갔다.

스스로 써 봐요

1\. '무엇이 어떠한'을 넣어 사람이나 사물, 동물 등을 꾸며 보세요.

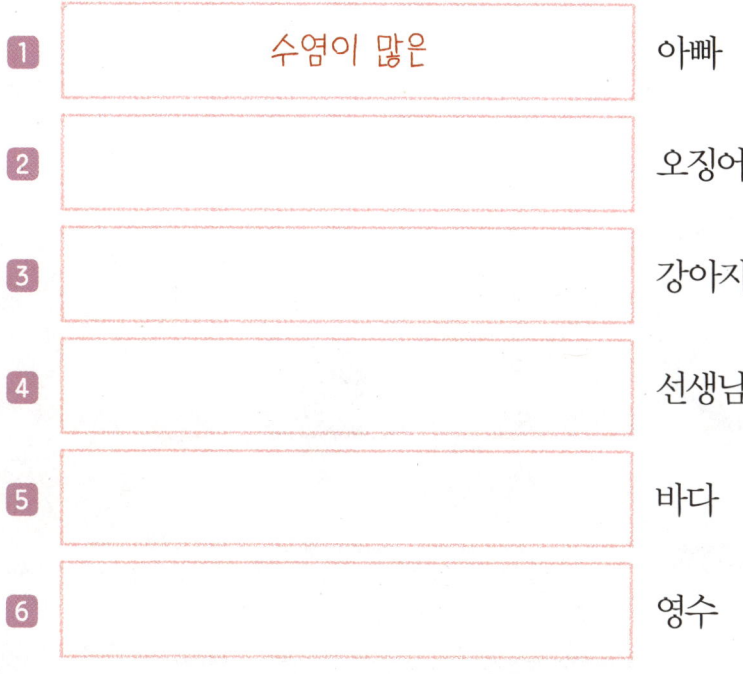

1	수염이 많은	아빠
2		오징어
3		강아지
4		선생님
5		바다
6		영수

2\. 위에 적은 것을 바탕으로 꾸미는 말이 들어간 문장을 만들어 보세요.

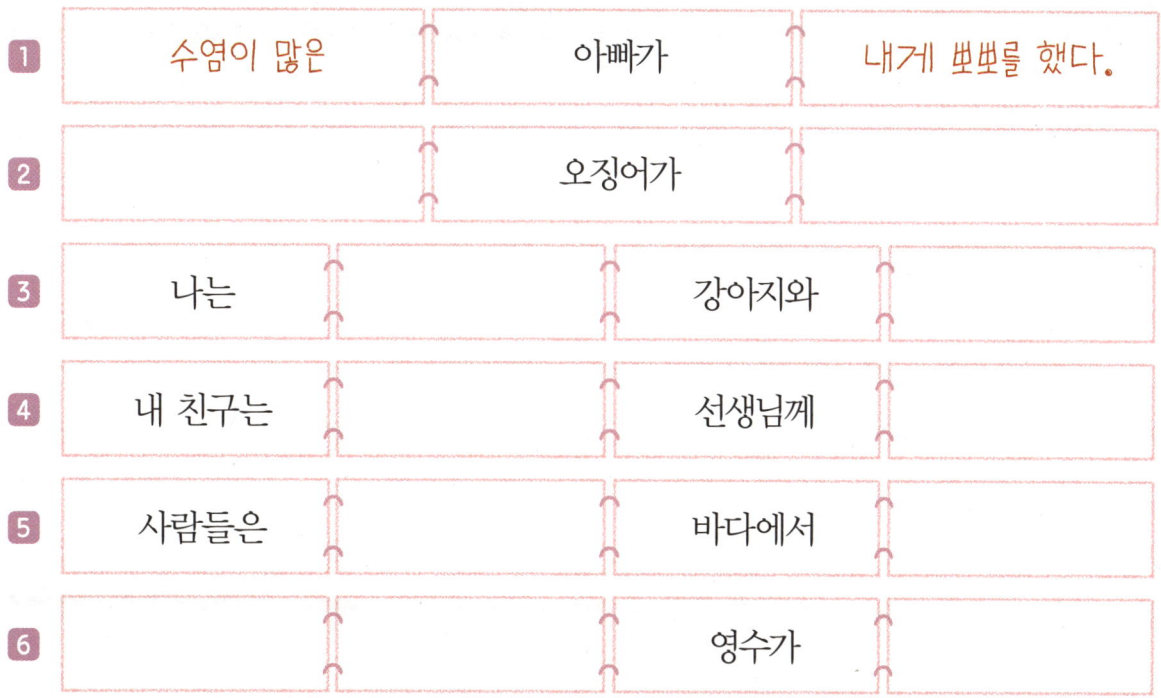

1	수염이 많은	아빠가	내게 뽀뽀를 했다.
2		오징어가	
3	나는	강아지와	
4	내 친구는	선생님께	
5	사람들은	바다에서	
6		영수가	

'무엇을 어찌한'으로 꾸미기

'무엇을 어찌한'도 사람이나 사물, 동물 등을 꾸밀 때 써요. 아래 그림을 보세요. '무엇을 어찌한' 사자가 앉아 있나요?

'무엇을 어찌한'에서 '어찌한'에는 움직임을 나타내는 낱말이 들어갈 수 있어요.

알맞은 것을 골라요

◆ 오른쪽 칸 낱말에 어울리는 말을 골라 ○ 하세요.

그림을 그린, 그림이 그린	꼬마
먹이가 먹은, 먹이를 먹은	까치

문제 풀며 익혀요

1 다음 문장에서 '무엇을 어찌한'으로 꾸며 주는 표현을 찾아 ○ 하세요.

① 유주가 우유를 마신 아기를 안아 주었다.

② 새끼를 잃은 까치가 슬프게 울었다.

③ 청소부 아저씨가 쓰레기를 주운 친구를 칭찬해 주셨다.

2 괄호 안의 낱말들을 올바로 배열하여 문장을 완성해 보세요.

① (허리를, 부축하였다, 다친, 할아버지를)

→ 나는 ☐ ☐ ☐ ☐ .

② (영희에게, 도와준, 친구를, 선물을, 주셨다)

→ 선생님은 ☐ ☐ ☐ ☐ ☐ .

③ (도둑을, 물건을, 잡았다, 훔친)

→ 영호가 ☐ ☐ ☐ ☐ .

3 그림을 보고 '무엇을 어찌한'으로 꾸며 주는 말을 빈칸에 쓰세요.

① ☐ 하마

② ☐ 곰

<보기>에서 골라 써요

1 다음 낱말들을 <보기>처럼 바꿔 다시 쓰세요.

> 보기   수미가 주사를 맞았다. → 주사를 맞은 수미

1. 민호가 하늘을 바라보았다. →
2. 정민이가 가면을 썼다. →
3. 나무꾼이 장작을 팼다. →
4. 선녀가 옷을 입었다. →
5. 철호가 운동화를 샀다. →

2 <보기>에서 알맞은 꾸미는 말을 찾아서 빈칸에 쓰세요.

> 보기   도둑을 잡은   환자를 치료하는   내 동생을 때린   주인을 만난

1. 나는 _____ 의사가 되고 싶다.
2. 나는 _____ 친구를 혼내 주었다.
3. _____ 경찰관이 상을 받았다.
4. _____ 강아지가 꼬리를 흔들었다.

스스로 써 봐요

1 '무엇을 어찌한'을 넣어 사람이나 사물, 동물 등을 꾸며 보세요.

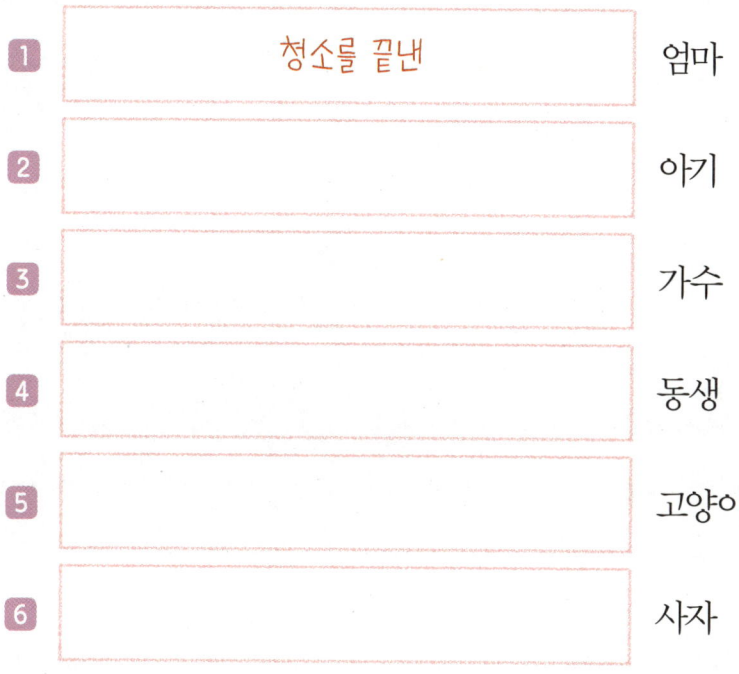

1	청소를 끝낸	엄마
2		아기
3		가수
4		동생
5		고양이
6		사자

2 위에 적은 것을 바탕으로 꾸미는 말이 들어간 문장을 만들어 보세요

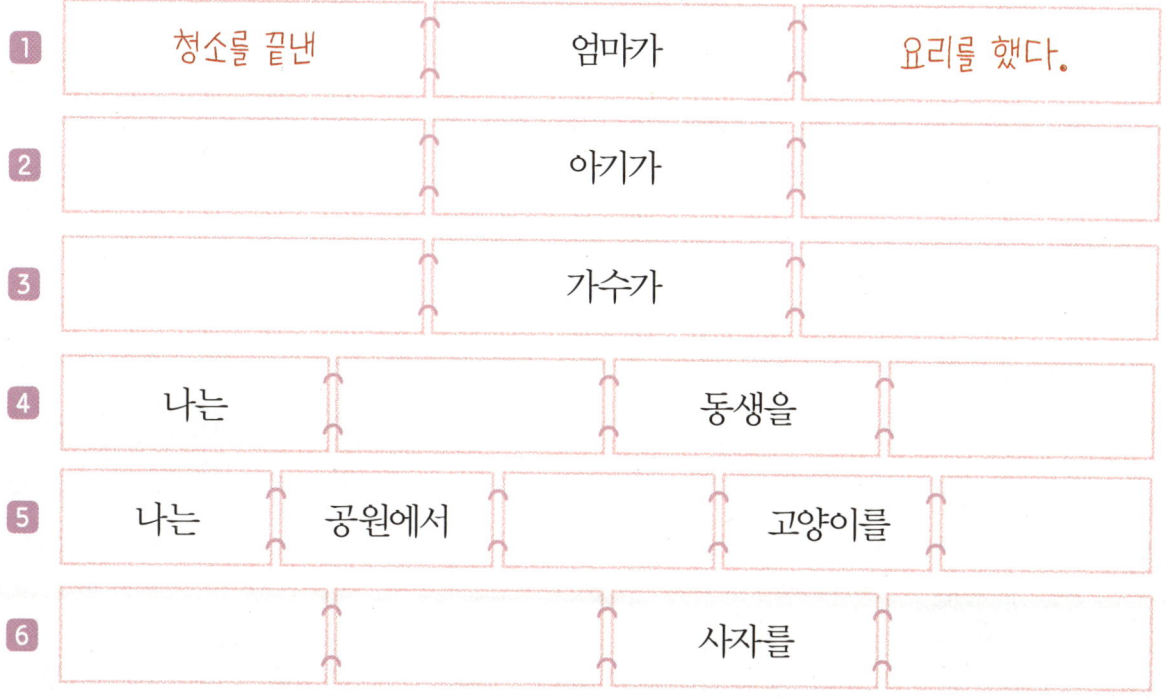

1	청소를 끝낸	엄마가	요리를 했다.
2		아기가	
3		가수가	
4	나는		동생을
5	나는 공원에서		고양이를
6			사자를

문장 이어 쓰기

이 장에서는 앞에서 배운 문장을 활용하여 문장을 이어 쓰는 방법을 배워 볼 거예요. 문장을 이어 쓰는 방법에는 여러 가지가 있어요. 예를 들어 설명할 수도 있고, 원인과 결과로 쓸 수도 있고, 서로 다른 두 가지를 비교하거나 대조해 볼 수도 있어요. 이외에도 문장을 이어 쓰는 다양한 방법이 있어요. 그 방법을 바탕으로 두세 문장을 직접 써 볼 거예요.

19 예를 들어 설명하기
20 빗대어 쓰기
21 비교나 대조하기
22 다음에 일어난 일 설명하기
23 해결 방법 설명하기
24 이유 설명하기
25 결과 설명하기
26 비슷하거나 반대되는 문장 쓰기
27 분류하기
28 자신의 느낌이나 감정 표현하기

예를 들어 설명하기

어떤 대상에 대해 구체적인 예를 들어서 설명하는 방법이 있어요. 아래의 예를 한번 볼까요?

세상에는 많은 동물들이 있다.
예를 들면, 사자, 호랑이, 토끼, 사슴, 하마, 코뿔소, 여우 등이 있다.

위의 문장처럼 어떤 동물들이 있는지 예를 들어 설명할 수 있어요.

함께 생각해요

놀이공원에는 어떤 놀이기구들이 있나요?

◆ 선생님의 질문에 대한 대답을 빈칸에 쓰세요.

놀이공원에는 많은 놀이기구들이 있다.

예를 들면,   .

공부한 날   월   일

문장을 이어 써요

1 아래 질문에 대해 떠오르는 것을 쓰세요.

1 곤충에는 어떤 것이 있나요?

> 개미,

2 잠에서 깬 후 나는 어떤 표정을 짓나요?

> 웃는 표정,

3 학교에서 내가 배우는 과목에는 무엇이 있나요?

> 국어,

2 위에 적은 내용을 바탕으로 예를 들어 설명하는 문장을 만들어 보세요.

곤충의 종류

세상에는 많은 곤충들이 있다.

예를 들면,   .

내가 짓는 표정

잠에서 깬 후 나는 여러 가지 표정을 짓는다.

예를 들면,   .

내가 배우는 과목

나는 학교에서 많은 과목을 배운다.

예를 들면,   .

19 예를 들어 설명하기 71

글감을 만들어요

1. 자신이 예를 들어 쓰고 싶은 여러 대상들을 빈칸에 쓰세요.

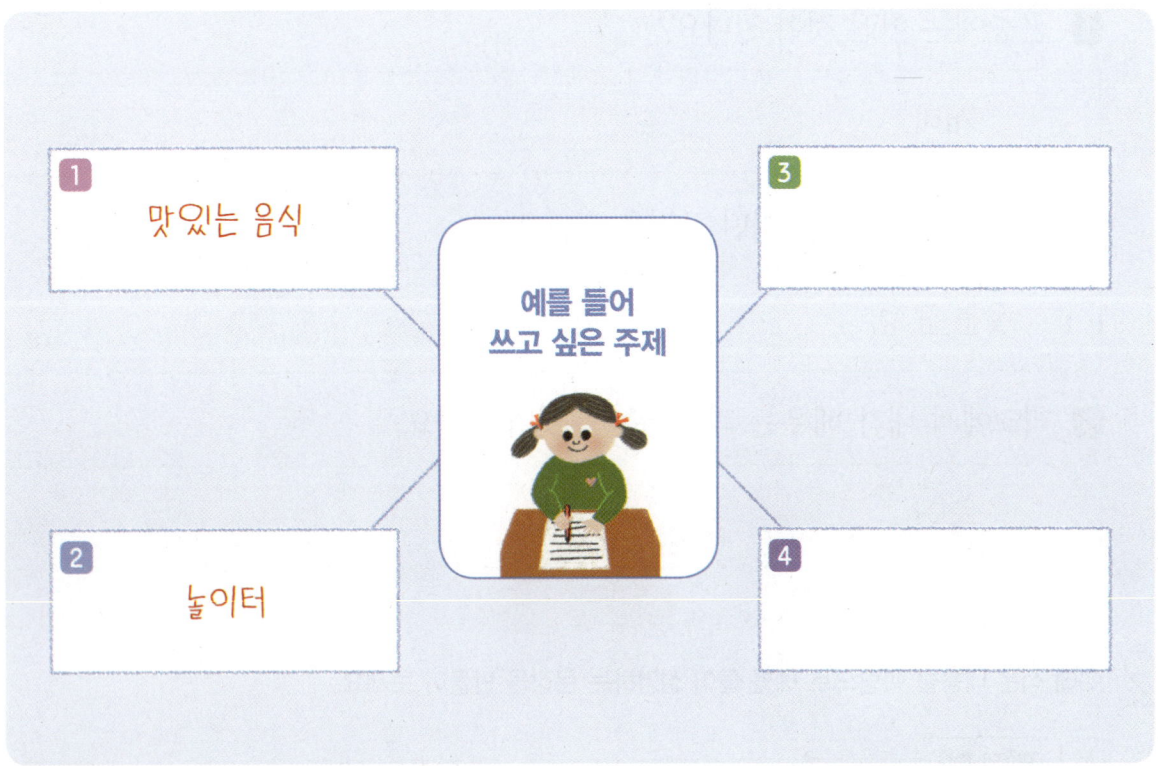

1. 맛있는 음식
2. 놀이터
3.
4.

2. 위에 적은 대상들의 예를 생각나는 대로 빈칸에 쓰세요.

1	맛있는 음식	햄버거, 컵라면, 피자
2	놀이터	
3		
4		

스스로 써 봐요

◆ 옆 페이지에 쓴 내용을 바탕으로 예를 들어 설명하는 글을 쓰세요.

1. 나는 맛있는 음식을 좋아한다.

   예를 들면, 나는 햄버거나 컵라면, 피자 같은 인스턴트 음식을 좋아한다.

2. 놀이터에는 여러 가지 기구가 있다.

3.

4.

빗대어 쓰기

어떤 대상을 다른 대상에 빗대어 표현하는 경우가 많아요. 달리기가 재빠른 아이를 보고, '토끼처럼 빠르다'라고 하는 것처럼요. 이처럼 무언가를 다른 것에 빗대어 표현하는 것을 '비유'라고 해요.

함께 생각해요

하얀 구름이 무엇처럼 보이나요?

◆ 선생님의 질문에 대한 대답을 빈칸에 쓰세요.

파란 하늘에 하얀 구름이 떠 있어요.

구름이 마치 _____ 같아요.

문장을 이어 써요

1. 아래 질문에 대해 떠오르는 것을 쓰세요.

   ① 달리기가 빠른 아이는 무엇과 비슷한가요?

   > 토끼,

   ② 착한 마음씨는 무엇과 비슷한가요?

   > 하얀 눈,

   ③ 보름달은 무엇과 비슷한가요?

   > 쟁반,

2. 위에 적은 내용을 바탕으로 비유하는 문장을 만들어 보세요.

   달리기
   내 친구는 달리기를 아주 잘한다.

   동생의 착한 마음씨
   내 동생은 너무 착하다.

   보름달
   하늘에 둥근 보름달이 떠 있다.

글감을 만들어요

1\. 자신이 빗대어 쓰고 싶은 여러 대상들을 빈칸에 쓰세요.

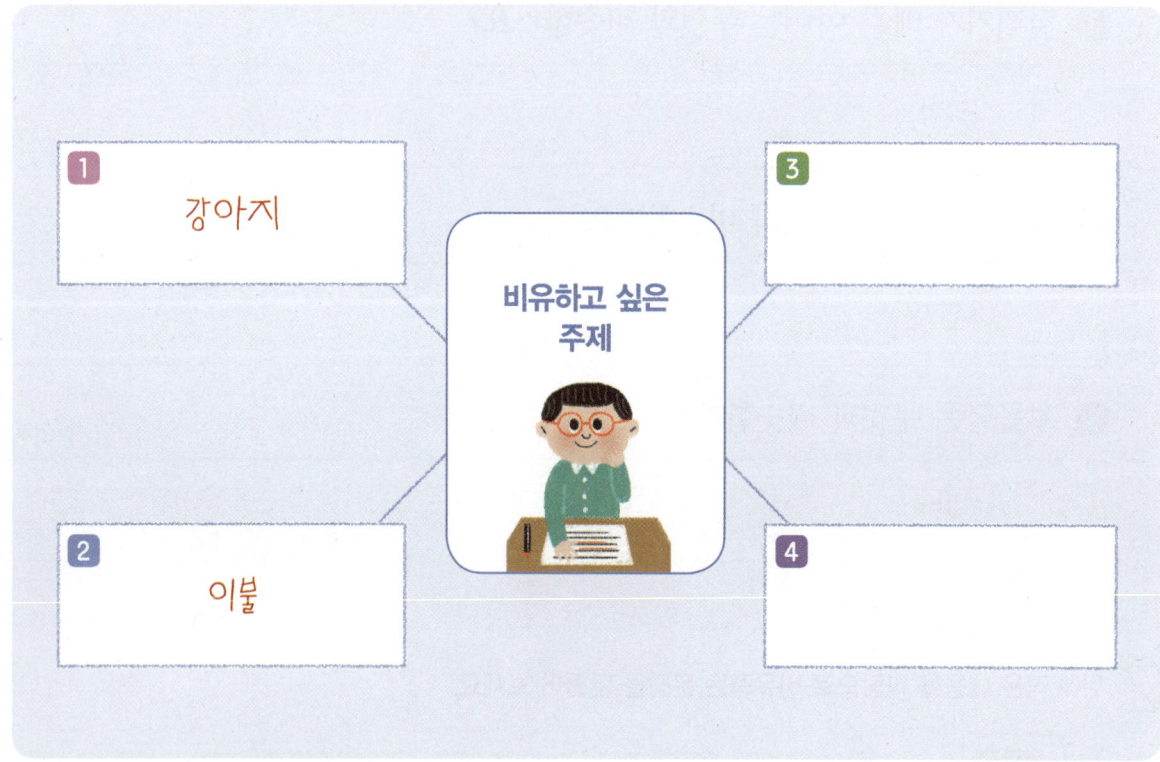

1 강아지
2 이불
3
4
비유하고 싶은 주제

2\. 위에 적은 대상들이 무엇과 비슷한지 생각나는 대로 빈칸에 쓰세요.

1	강아지	인형처럼 귀여움
2	이불	
3		
4		

스스로 써 봐요

◆ 옆 페이지에 쓴 내용을 바탕으로 비유하는 글을 쓰세요.

1 우리 집에는 강아지가 한 마리 있다.

그 강아지는 인형처럼 귀엽다.

2 엄마가 오늘 푹신한 이불을 사오셨다.

3

4

비교나 대조하기

무엇과 무엇의 비슷한 점을 나열하는 것을 '비교'한다고 해요. 이와 반대로 무엇과 무엇의 다른 점을 나열하는 것을 '대조'한다고 해요.

[비교] **짜장면과 짬뽕은 모두 면이에요.**

[대조] **짜장면의 색깔은 검지만 짬뽕의 색깔은 붉어요.**

짜장면과 짬뽕은 둘 다 '면'이라는 공통점이 있네요. 하지만 색깔은 서로 다르지요. 이처럼 두 대상을 비교하려면 공통점을, 서로 대조하려면 차이점을 찾아보면 돼요.

함께 생각해요

연필과 볼펜은 어떤 공통점이 있나요?

◆ 선생님의 질문에 대한 답변을 빈칸에 쓰세요.

책상 위에 연필과 볼펜이 있어요.

연필과 볼펜 모두 _____.

문장을 이어 써요

1. 그림을 잘 보고 아래 질문에 대해 떠오르는 것을 쓰세요.

① 호동이와 은혜의 모습을 보고 두 사람의 공통점을 찾아보세요.

> 모자를 씀,

② 호동이와 은혜의 모습을 보고 두 사람의 차이점을 찾아보세요.

> 호동이: 반팔,   은혜: 긴팔,

2. 위에 적은 내용을 바탕으로 비교와 대조 문장을 만들어 보세요.

서로 비교하기

호동이와 은혜는 서로 비슷한 점이 많다.

서로 대조하기

호동이와 은혜는 서로 다른 점이 많다.

21 비교나 대조하기

글감을 만들어요

1 비교와 대조를 하고 싶은 두 가지 대상을 빈칸에 쓰세요.

2 위에 적은 대상의 비슷한 점과 다른 점을 생각나는 대로 빈칸에 쓰세요.

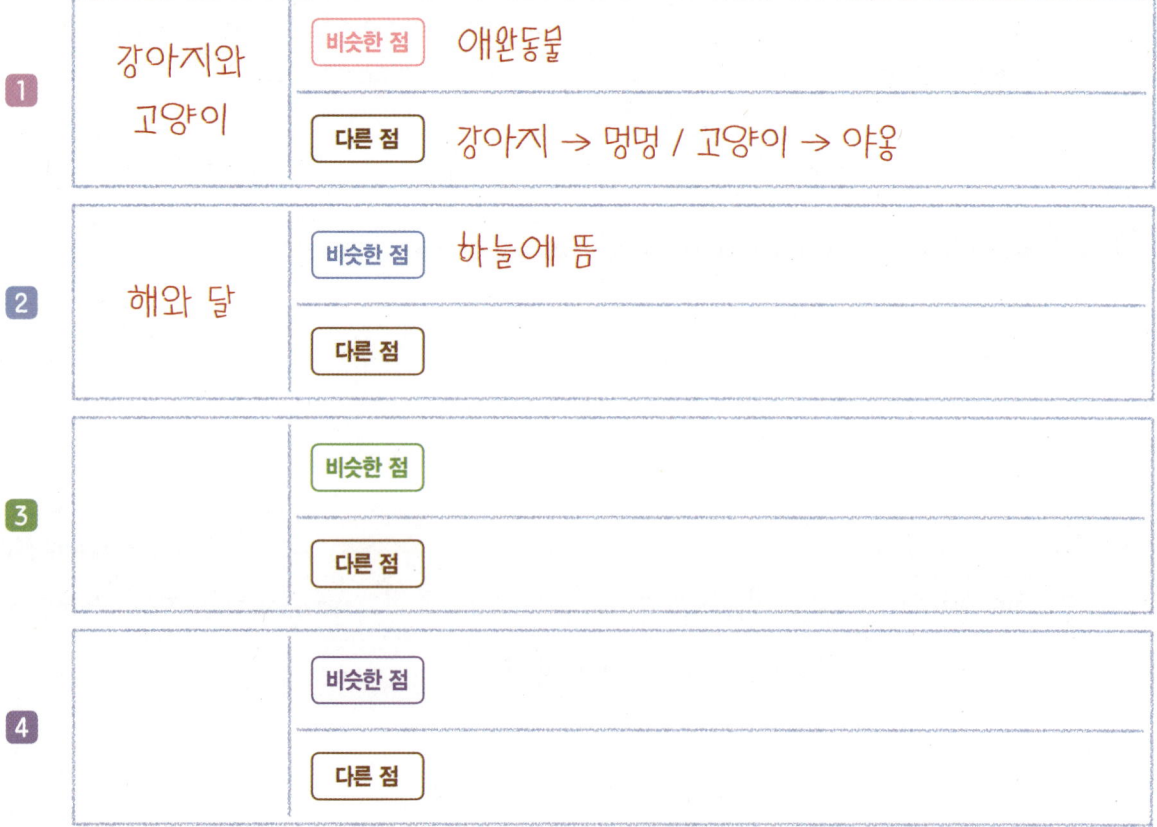

스스로 써 봐요

◆ 옆 페이지에 쓴 내용을 바탕으로 비교와 대조하는 글을 쓰세요.

1️⃣ 강아지와 고양이는 모두 애완동물이다.

강아지는 '멍멍'이라고 짖지만, 고양이는 '야옹'거린다.

2️⃣ 해와 달은 모두 하늘에 뜬다.

3️⃣

4️⃣

다음에 일어난 일 설명하기

우리는 하루 동안에도 많은 활동을 해요. 아침에 자리에서 일어난 후 무슨 일을 할까요?

① 자리에서 일어나요.   ② 얼굴을 깨끗이 씻어요.   ③ 학교에서 친구들과 수업을 들어요.   ④ 학교 수업을 마치고 친구들과 떡볶이를 먹어요.

아침에 일어나서 친구들과 간식을 먹을 때까지의 활동을 순서대로 써 봤어요. 이렇게 다음에 일어난 일을 순서대로 나열하며 쓸 수 있어요.

함께 생각해요

◆ 아래 질문들에 대한 대답을 빈칸에 쓰세요.

1 영화표를 끊자마자 무슨 행동을 할까요?

> 나는 친구와 영화관에 가서 영화표를 끊었다.

2 놀이동산에 가서 무슨 행동을 할까요?

> 나는 가족과 함께 놀이동산에 갔어요.

공부한 날　　월　　일

문장을 이어 써요

1 그림을 잘 보고 아래 질문에 대해 떠오르는 것을 쓰세요.

그림 1

그림 2

① **그림1**을 보고 다음에 할 수 있는 일들을 생각나는 대로 써 보세요.

　자리를 잡음,

② **그림2**를 보고 다음에 할 수 있는 일들을 생각나는 대로 써 보세요.

　치킨을 삼,

2 위에 적은 내용을 바탕으로 다음에 일어난 일을 설명하는 문장을 만들어 보세요.

나는 강아지를 데리고 공원에 갔다.

나는 아빠와 함께 야구장에 갔다.

22 다음에 일어난 일 설명하기

글감을 만들어요

1 하루 중에 어떤 활동들을 했는지 빈칸에 쓰세요.

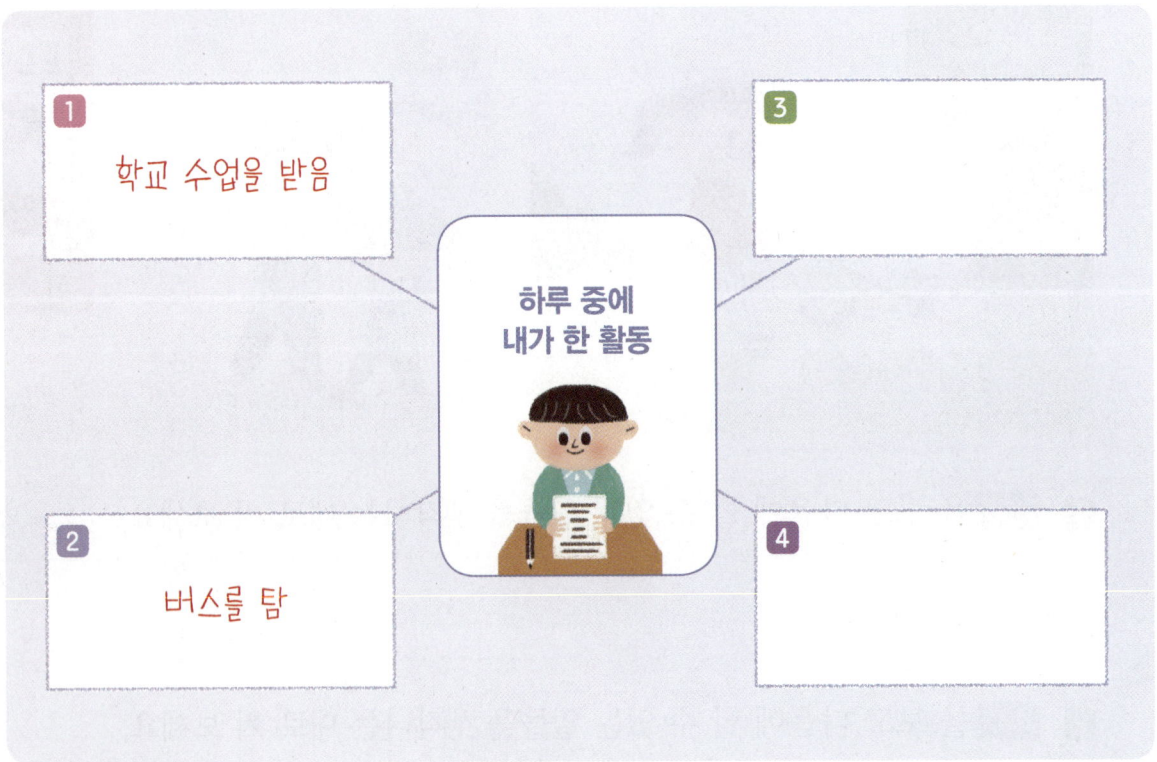

1. 학교 수업을 받음
2. 버스를 탐
3.
4.

2 위에 적은 활동 다음에 할 일들을 생각나는 대로 빈칸에 쓰세요.

	내가 한 활동	그 다음에 한 활동
1	학교 수업을 받음	곧장 학원으로 달려감
2	버스를 탐	
3		
4		

스스로 써 봐요

◆ 옆 페이지에 쓴 내용을 바탕으로 다음에 일어난 일을 설명하는 글을 쓰세요.

1 오늘도 학교에서 수업을 받았다.

학교 수업이 끝나자마자 나는 곧장 학원으로 달려갔다.

2 버스에 올라탔다.

3

4

해결 방법 설명하기

어떤 문제를 해결하기 위한 방법을 설명할 때가 있어요. 이럴 때는 무슨 문제인지 먼저 제시하고 그에 대한 해결 방법을 써요.

문제
갑자기 코피가 흐르기 시작했어요.

해결책
이럴 때에는 휴지로 코를 막고, 앉아서 잠시 휴식을 취해요.

함께 생각해요

◆ 아래 질문들에 대한 대답을 빈칸에 쓰세요.

1 삼키기 힘든 약을 먹을 때 어떻게 하면 좋을까요?

> 나는 알약을 삼키는 게 너무 힘들다.
>
> 이를 해결하기 위해서는 _____.

2 수업 중에 배가 아플 때는 어떻게 하면 좋을까요?

> 수업 중에 가끔 배가 아플 때가 있어요.
>
> 이럴 때에는 _____.

문장을 이어 써요

1 그림을 잘 보고 아래 질문에 대해 떠오르는 것을 쓰세요.

① 그림1 에 대한 해결 방법을 생각해 보고 빈칸에 써 보세요.

> 마음을 가라앉힘,

② 그림2 에 대한 해결 방법을 생각해 보고 빈칸에 써 보세요.

> 휴지로 닦음,

2 위에 적은 내용을 바탕으로 해결 방법을 설명하는 문장을 만들어 보세요.

문제 해결하기
민호와 영수가 쉬는 시간에 서로 싸웠다.

문제 해결하기
우유를 따르다가 그만 우유를 엎질렀다.

23 해결 방법 설명하기

글감을 만들어요

1. 해결하고 싶은 문제를 빈칸에 쓰세요.

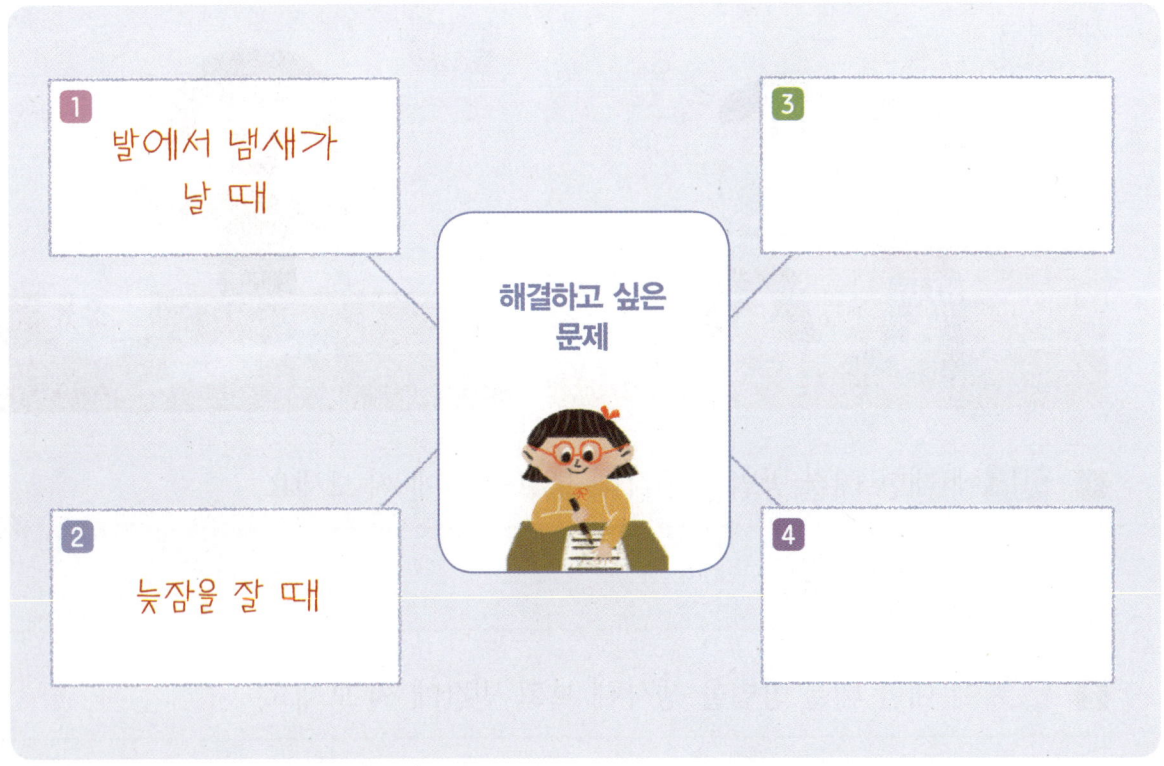

2. 위에 적은 문제의 해결 방법을 생각나는 대로 빈칸에 쓰세요.

1	발에서 냄새가 날 때	발에 비누칠을 하여 물로 깨끗이 씻음
2	늦잠을 잘 때	
3		
4		

스스로 써 봐요

◆ 옆 페이지에 쓴 내용을 바탕으로 해결 방법을 설명하는 글을 쓰세요.

1 나는 가끔 발에서 냄새가 난다.

그럴 때에는 곧바로 발에 비누칠을 하고 물로 깨끗이 씻는다.

2 나는 매일 늦잠을 잔다.

3

4

이유 설명하기

어떤 문제에 대해 왜 그렇게 생각하는지 이유를 설명하면 더 좋은 글을 쓸 수 있어요. 이렇게 이유를 나타낼 때에는 '왜냐하면 ~ 때문이다.'의 형식으로 쓸 수 있어요.

이렇게 자신의 생각을 나타내고 그에 대한 이유를 설명하면 사람들의 공감을 얻을 수 있어요.

함께 생각해요

◆ 아래 질문들에 대한 대답을 빈칸에 쓰세요.

1 왜 그곳이 더 좋은가요?

나는 산과 바다 중에 _____ 가(이) 더 좋다.

왜냐하면 _____ .

2 그것을 많이 먹어야 하는 이유는 무엇인가요?

평소에 _____ 을(를) 많이 먹어야 한다.

왜냐하면 _____ .

> 문장을 이어 써요

1. 그림을 잘 보고 아래 질문에 대해 떠오르는 것을 쓰세요.

① 세 아이 중에 누가 반장이 되면 좋을지 자신의 생각을 써 보세요.

　나는 _____ 가(이) 반장이 되면 좋겠다.

② ①처럼 생각하는 이유를 써 보세요.

　왜냐하면 _____.

2. 자신이 반장이 된다면 친구들에게 어떤 장점을 이야기할 수 있을지 설명해 보세요.

　저를 반장으로 뽑아 주시기 바랍니다.

　왜냐하면 저는 _____.

글감을 만들어요

1 아래 질문에 대한 답을 스스로 생각하여 써 보세요.

1. 생일 때 가장 받고 싶은 선물 → 곰 인형
2. 휴일에 아빠와 가고 싶은 곳 → 박물관
3. 가장 좋아하는 운동 경기 →
4. 가장 좋아하는 과일 →
5. 가장 좋아하는 친구 이름 →

2 위의 생각을 적은 이유를 간단히 써 보세요.

1. 곰 인형이 있으면 밤에 잘 때 무섭지 않을 것 같다.
2.
3.
4.
5.

스스로 써 봐요

◆ 옆 페이지에 쓴 내용을 바탕으로 이유를 설명하는 글을 쓰세요.

1. 저는 이번 생일에 곰 인형을 선물 받고 싶습니다.
왜냐하면 곰 인형이 있으면 밤에 잘 때 무섭지 않을 것 같기 때문입니다.

2. 저는 휴일에 아빠와 박물관에 가고 싶습니다.

3.

4.

5.

결과 설명하기

어떤 문제나 사건이 일어났을 때 우리는 그 결과가 어떻게 되었는지 궁금할 때가 많아요. 그럴 때 보통 '그래서', '결국' 등의 접속사를 붙여 그 결과를 설명하면 훌륭한 글을 쓸 수 있어요.

이렇게 어떤 원인에 대해 결과를 쓰면서 문장을 이어 줄 수 있어요.

함께 생각해요

◆ 아래 질문들에 대한 대답을 빈칸에 쓰세요.

1 새벽까지 자지 않고 게임을 한 결과는 무엇일까요?

> 나는 어제 새벽까지 자지 않고 게임을 했다.
> 그래서 _____.

2 넘어진 후에는 어떻게 되었을까요?

> 학교 가는 길에 돌에 걸려 넘어졌다.
> 그래서 _____.

문장을 이어 써요

1 아래 그림을 잘 보고 이어질 내용을 빈칸에 쓰세요.

① 그림1 의 상황에서 어떤 일이 일어났을지 결과를 상상해서 쓰세요.

> 라면을 끓여 먹음.

② 그림2 의 상황에서 어떤 일이 일어났을지 결과를 상상해서 쓰세요.

> 치과에 감.

2 위에 적은 내용을 바탕으로 결과를 나타내는 문장을 만들어 보세요.

> 배에서 꼬르륵 소리가 났다.

> 이가 너무 아팠다.

글감을 만들어요

◆ 왼쪽 그림은 '원인', 오른쪽 그림은 '결과'를 나타낸 그림이에요. 서로 연관 있는 것끼리 연결해 보세요.

1  • •

2  • •

3  • •

4  • • (미안/미안)

스스로 써 봐요

◆ 옆 페이지에서 연결한 내용을 원인과 결과의 문장으로 나타내 보세요.

1️⃣ 우리집 강아지 '뽀삐'가 많이 아팠어요.

그래서 나는 뽀삐를 정성껏 돌봐 주었어요.

2️⃣ 서준이가 수학 시험을 망쳐서 엄마한테 많이 혼났어요.

3️⃣

4️⃣

26 비슷하거나 반대되는 문장 쓰기

6주차 1일

내용이 비슷하거나 반대되는 문장을 첨가할 때가 있어요. 비슷한 내용을 쓸 때는 '그리고', '또' 등의 접속사를, 반대되는 내용을 쓸 때는 '그러나', '하지만', '그렇지만' 등의 접속사로 연결하면 돼요.

1\.    그리고 또

동화책을 읽었어요.   독후감을 썼어요.

2\.    그러나 하지만

오늘 아빠와 산에 가기로 했어요.   비가 와서 가지 못했어요.

함께 생각해요

◆ 아래 빈칸에 이어질 만한 접속사를 골라 ○ 하세요.

1. 채우는 노래를 잘 부른다. (그리고, 그러나) 춤도 잘 춘다.

2. 어제 달리기 시합을 하다가 넘어졌다. (하지만, 또) 다시 일어나 끝까지 달렸다.

문장을 이어 써요

1 서로 연관 있는 것끼리 선을 이어 보세요.

1. 비가 온다. • • 내 동생은 축구를 싫어한다.

2. 나는 축구를 좋아한다. • • 우산이 없다.

3. 어제 해수욕장에 갔다. • • 어묵도 먹었다.

4. 친구들과 떡볶이를 먹었다. • • 맘껏 수영을 했다.

2 위에서 연결한 내용을 바탕으로 알맞은 접속사를 넣어 문장을 만들어 보세요.

내용이 반대되는 문장 쓰기

1. 비가 온다. _____

2. 나는 축구를 좋아한다. _____

내용이 비슷한 문장 쓰기

3. 어제 해수욕장에 갔다. _____

4. 친구들과 떡볶이를 먹었다. _____

글감을 만들어요

◆ 왼쪽과 오른쪽의 그림을 잘 보고 서로 연관 있는 것끼리 연결해 보세요.

1  • •

2  • •

3  • •

4  • •

스스로 써 봐요

◆ 옆 페이지에서 연결한 그림들을 보고 각 번호 옆에 주어진 접속사를 넣어 문장을 쓰세요.

1 하지만

나는 아이스크림을 먹으려고 했다.

하지만 아이스크림이 햇빛에 빨리 녹고 말았다.

2 또

나는 동물원에 가서 사자를 보았다.

3 그러나

4 그리고

분류하기

어떤 대상을 비슷한 특성을 가진 종류로 나눌 때가 있어요. 이렇게 나누는 방식을 '분류'라고 해요. '분류'를 하면 어떤 대상에 대해 체계적으로 정리할 수 있어요.

사람의 얼굴에는 한 개만 있는 것도 있고 두 개 있는 것도 있어요.
눈썹, 눈, 귀는 두 개가 있고요, 코, 입은 하나만 있어요.

얼굴의 요소를 '가지고 있는 개수'로 분류해 보았어요. 이렇게 공통되는 것끼리 묶어서 설명할 수 있어요.

함께 생각해요

닭, 오리의 발이 몇 개인가요?

◆ 선생님의 질문에 대한 대답을 빈칸에 쓰세요.

동물 농장에 소, 돼지, 염소, 닭, 오리가 있어요.
이 중 소, 돼지, 염소는 네 발로 걷는 동물이고,
_____, _____는 두 발로 걷는 동물이에요.

문장을 이어 써요

1. 우리 가족이에요. 가족에 대해서 어떻게 분류할 수 있을지 함께 생각해 봐요.

2. 태어난 곳을 기준으로 우리 가족을 분류해 보세요.

태어난 곳	나, 동생	서울

3. 위에서 정리한 기준을 바탕으로 분류하는 문장을 만들어 보세요.

우리 가족은 태어난 곳이 다양하다.

글감을 만들어요

1. 분류하고 싶은 주제를 빈칸에 쓰세요.

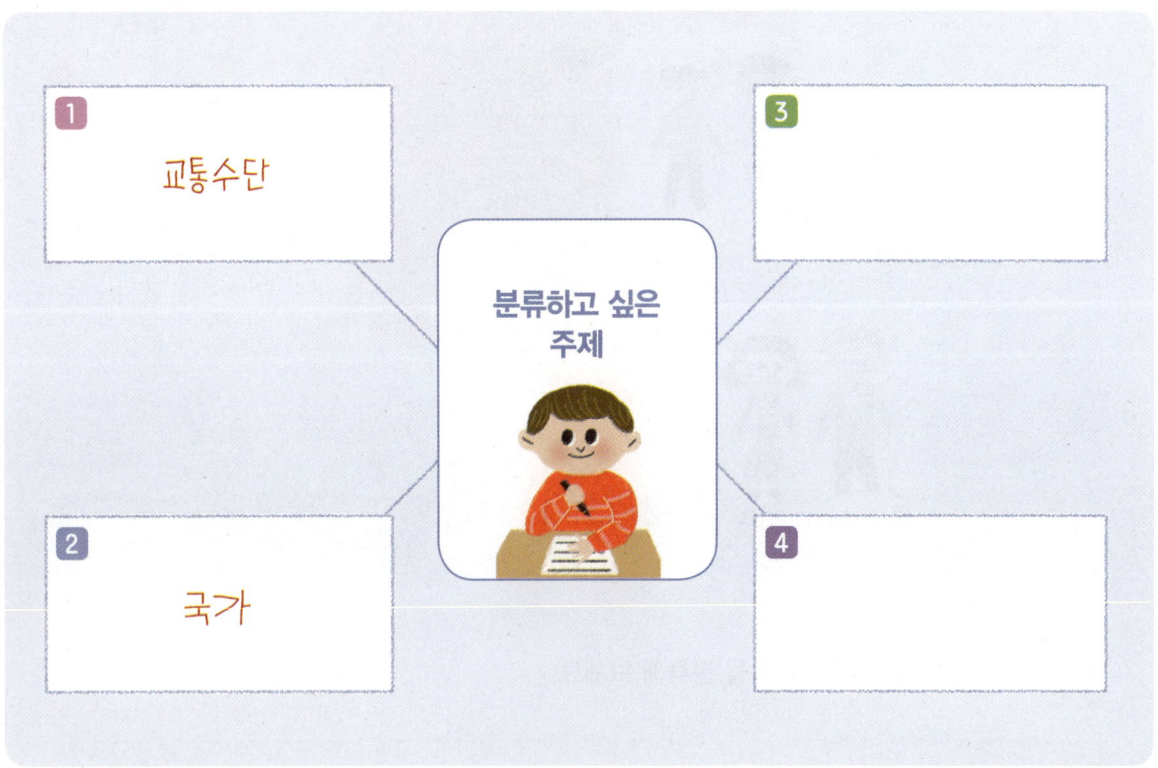

2. 분류하고 싶은 주제에 대한 분류 기준과 그에 따른 내용을 써 보세요.

	분류 기준	분류 기준의 대상
1	장소별 교통수단	비행기, 자동차, 배
2	대륙별 국가	
3		
4		

스스로 써 봐요

◆ 옆 페이지에 쓴 내용을 바탕으로 분류하는 문장을 쓰세요.

1. 교통수단의 종류는 장소별로 다양하다. 하늘에는 비행기가 날고, 도로에는 자동차가 다닌다. 또 바다에는 배가 떠다닌다.

2. 대륙별로 여러 국가가 있다.

3.

4.

자신의 느낌이나 감정 표현하기

우리는 하루에도 수십 번씩 어떤 대상이나 현상에 대해 자신의 느낌이나 감정이 달라지게 돼요. 아래 상황에서 어떤 감정을 느끼는지 알아봐요.

이렇게 다양한 느낌이나 감정을 글로 써서 표현할 수 있어요.

함께 생각해요

아래의 상황에서 내 기분이 어떠했나요?

◆ 선생님의 질문에 대한 대답을 빈칸에 쓰세요.

나는 오늘 친구들과 영화관에 갔다.

그곳에서 좋아하는 만화 영화를 보고 팝콘과 과자도 먹었다.

나는 오늘 _____.

나는 학원 수학 시험에서 좋은 점수를 받기 위해 1주일 동안 열심히 공부

했다. 그런데 결과를 보자마자 나는 _____.

왜냐하면 수학 점수가 30점밖에 나오지 않았기 때문이다.

문장을 이어 써요

1 다음 그림의 상황을 보고 알맞은 기분이나 감정과 연결해 보세요.

①    •   •   슬프다, 걱정된다

②    •   •   초조하다, 불안하다

③    •   •   신난다, 재미있다

2 위에서 연결한 내용을 바탕으로 느낌이나 감정을 나타내는 문장을 만들어 보세요.

① 나는 오늘 친구들이랑 운동장에서 축구를 했다.

　　나는 축구를 하는 내내 신나고 재미있었다.

② 밖에 비가 내리는데 깜빡 잊고 우산을 가져오지 않았다.

③ 친구가 갑자기 배가 아프다고 해서 친구를 데리고 보건실로 갔다.

글감을 만들어요

1 느낌이나 감정을 표현하고 싶은 사건을 빈칸에 쓰세요.

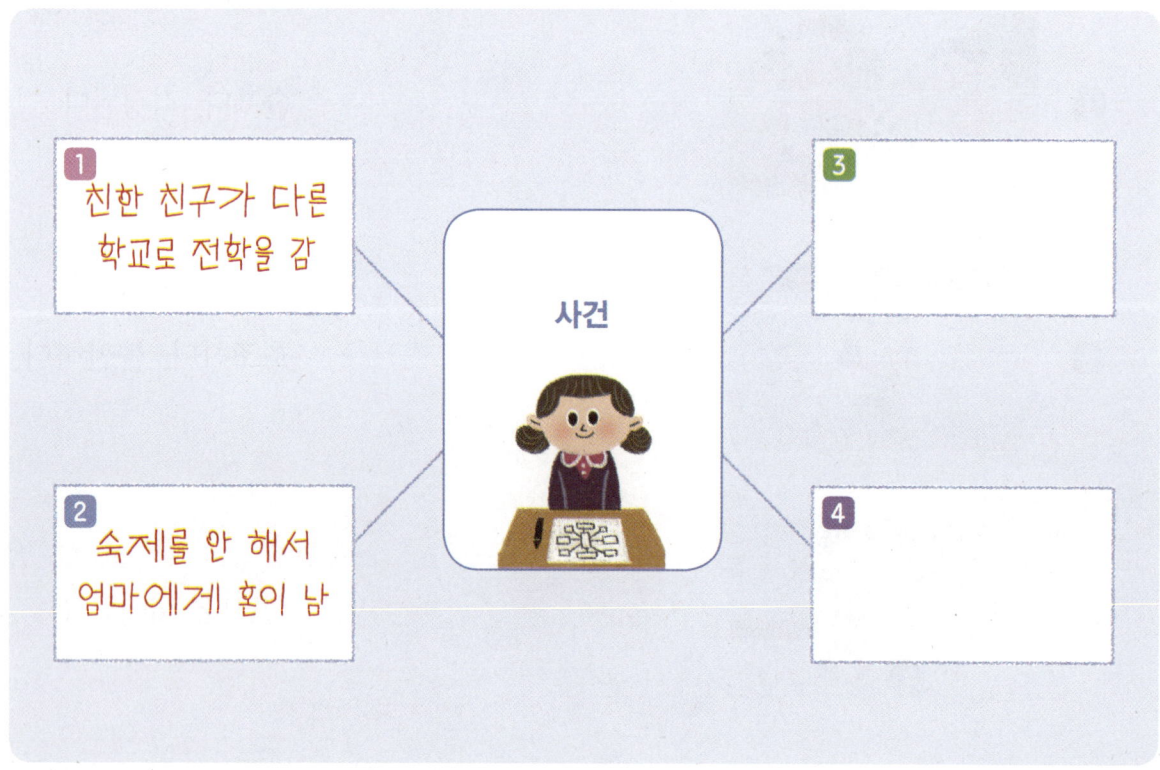

1. 친한 친구가 다른 학교로 전학을 감
2. 숙제를 안 해서 엄마에게 혼이 남
3.
4.

2 위에 적은 사건에 대해 느끼는 감정을 2가지씩 써 보세요.

	사건	느끼는 감정
1	친한 친구가 다른 학교로 전학을 감	슬프다, 아쉽다
2	숙제를 안 해서 엄마에게 혼이 남	
3		
4		

스스로 써 봐요

◆ 옆 페이지에 쓴 내용을 바탕으로 느낌이나 감정을 표현하는 문장을 쓰세요.

1 내일 우리 반에서 나와 제일 친한 친구가 다른 학교로 전학을 간다.

나는 너무 슬프고 아쉽다.

2 나는 숙제를 안 해서 엄마에게 혼이 났다.

3

4

실전 문장 쓰기

지금까지 문장의 구성 요소부터 문장을 이어 쓰는 방법까지 배웠어요. 이제부터는 여러분이 세 문장까지 직접 써 보는 연습을 할 거예요. 문장을 쓰려면 무엇을 쓸지 먼저 생각해 봐야겠지요? 우리 주위에서 일상적으로 떠올릴 수 있는 주제를 글감으로 삼아서 머릿속의 생각을 문장으로 나타내 볼 거예요. 직접 글을 쓴다고 너무 두려워하지 마세요. 책에서 알려주는 대로 차근차근 따라하다 보면 어느새 여러분도 멋진 글을 쓸 수 있게 될 거예요.

29 나의 얼굴
30 날씨
31 운동 경기
32 동물
33 친구
34 존경하는 위인
35 나의 고민
36 여행하고 싶은 나라
37 장래 희망
38 휴일에 가고 싶은 곳
39 생일
40 음식

나의 얼굴

생각 지도를 그려요 ◆ '얼굴'에 대해 떠오르는 생각을 지도로 그려 봐요.

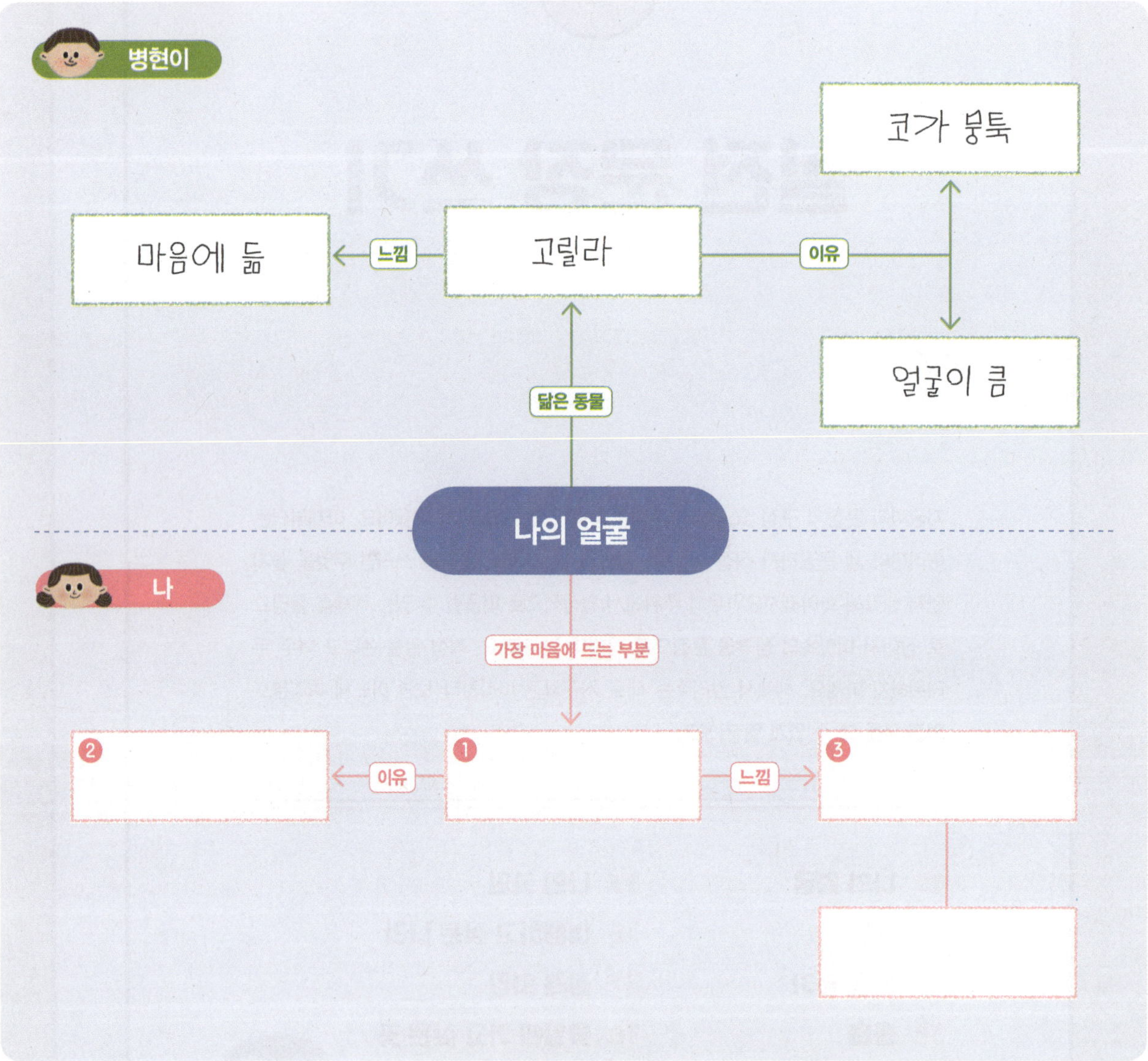

병현이

마음에 듦 ← 느낌 — 고릴라 — 이유 → 코가 뭉툭 ↕ 얼굴이 큼

↑ 닮은 동물

나의 얼굴

↓ 가장 마음에 드는 부분

② ← 이유 — ① — 느낌 → ③

생각 지도에 아래 질문에 대한 답을 써 보세요!
❶ 내 얼굴 중에 가장 마음에 드는 부분은 어디인가요?
❷ 그 이유는 무엇인가요?
❸ 내 얼굴에 대한 느낌은 어떤가요? 2가지를 적어 보세요.
이외에도 다양한 생각을 마음껏 떠올려 보세요.

5장 실전 문장 쓰기

친구들의 생각을 알아봐요

◆ 생각 지도에 적은 내용을 바탕으로 친구가 쓴 글이에요. 무슨 글을 썼는지 읽어 보고, 자신이라면 어떤 글을 쓸지 생각해 보세요.

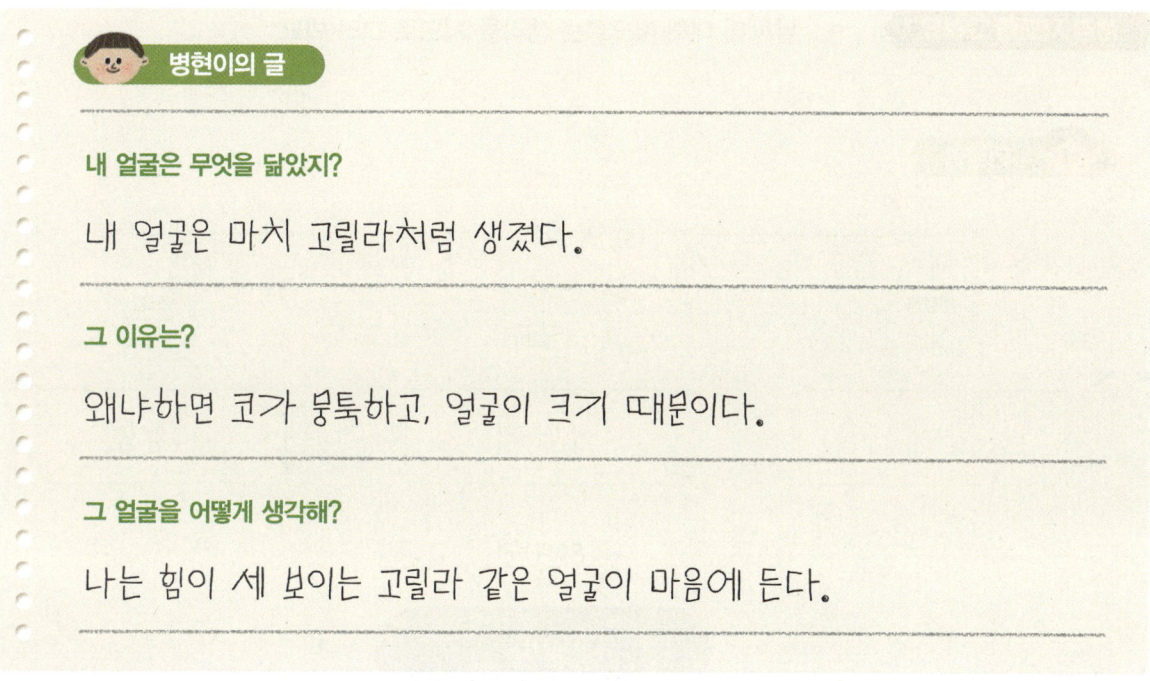

병현이의 글

내 얼굴은 무엇을 닮았지?

내 얼굴은 마치 고릴라처럼 생겼다.

그 이유는?

왜냐하면 코가 뭉툭하고, 얼굴이 크기 때문이다.

그 얼굴을 어떻게 생각해?

나는 힘이 세 보이는 고릴라 같은 얼굴이 마음에 든다.

스스로 써 봐요

◆ 자신이 적은 생각 지도의 내용을 보면서 나만의 세 문장을 쓰세요.

나의 글

30 날씨

6주차 5일

생각 지도를 그려요 ◆ '날씨'에 대해 떠오르는 생각을 지도로 그려 봐요.

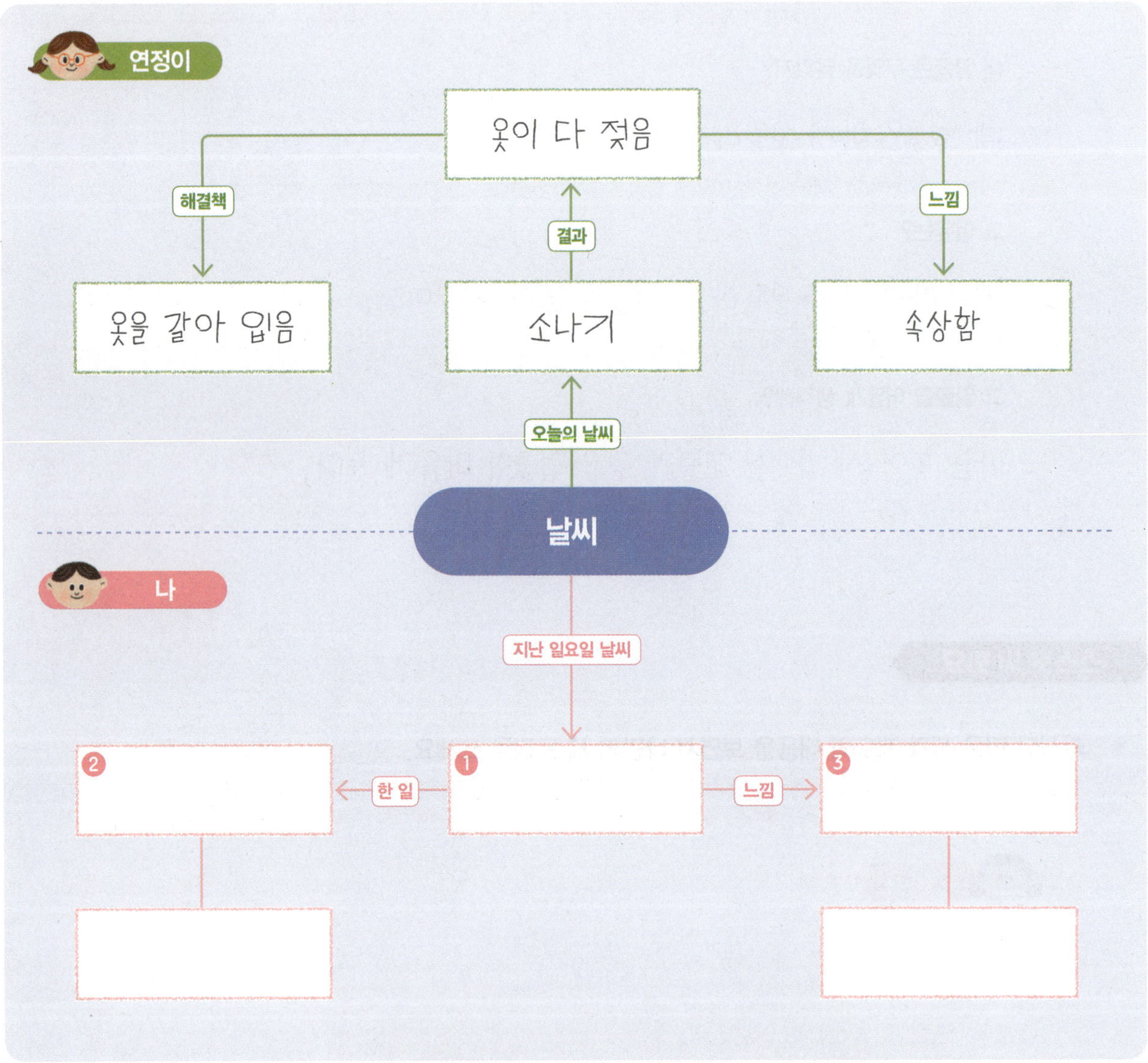

연정이

```
        옷이 다 젖음
   ↙해결책    ↑결과    ↘느낌
옷을 갈아 입음   소나기    속상함
                ↑ 오늘의 날씨
                날씨
                ↓ 지난 일요일 날씨
```

나

❷ ←한일— ❶ —느낌→ ❸

생각 지도에 아래 질문에 대한 답을 써 보세요!
❶ 지난 일요일 날씨는 어땠나요?
❷ 그날 무엇을 했나요? 2가지를 적어 보세요.
❸ 그날 날씨에 대해 어떤 느낌이 들었나요? 2가지를 적어 보세요.
이외에도 다양한 생각을 마음껏 떠올려 보세요.

공부한 날   월   일

친구들의 생각을 알아봐요

◆ 생각 지도에 적은 내용을 바탕으로 친구가 쓴 글이에요. 무슨 글을 썼는지 읽어 보고, 자신이라면 어떤 글을 쓸지 생각해 보세요.

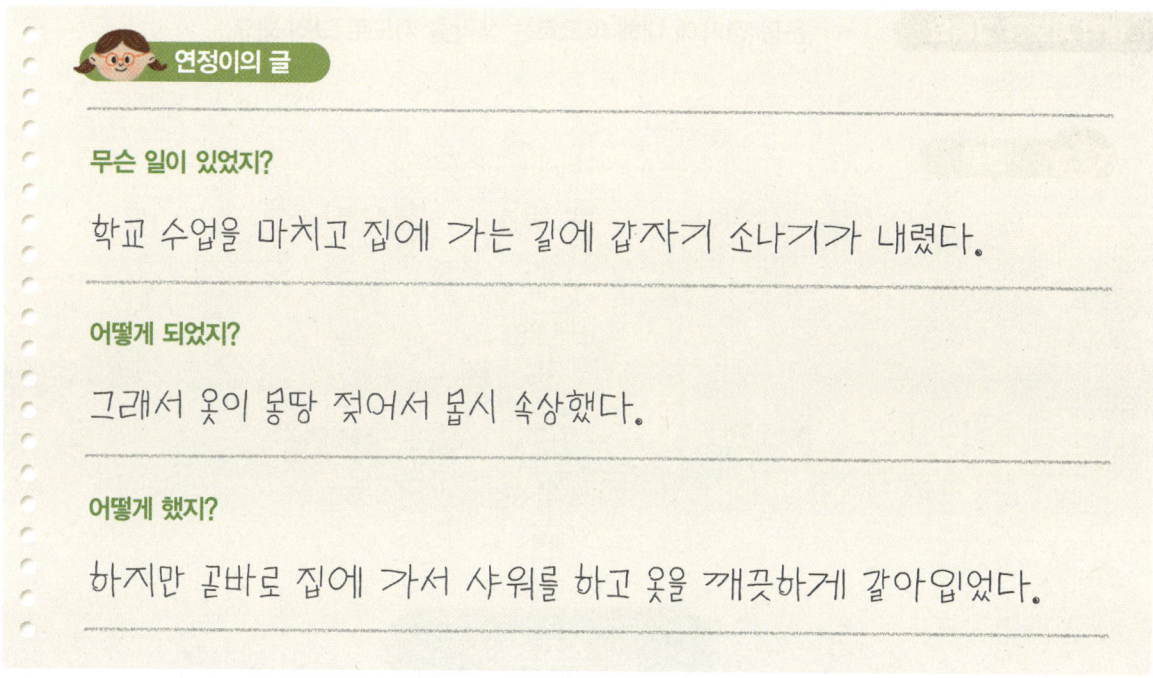

연정이의 글

무슨 일이 있었지?

학교 수업을 마치고 집에 가는 길에 갑자기 소나기가 내렸다.

어떻게 되었지?

그래서 옷이 몽땅 젖어서 몹시 속상했다.

어떻게 했지?

하지만 곧바로 집에 가서 샤워를 하고 옷을 깨끗하게 갈아입었다.

스스로 써 봐요

◆ 자신이 적은 생각 지도의 내용을 보면서 나만의 세 문장을 쓰세요.

나의 글

30 날씨 115

31 운동 경기

7주차 1일

생각 지도를 그려요 ◆ '운동 경기'에 대해 떠오르는 생각을 지도로 그려 봐요.

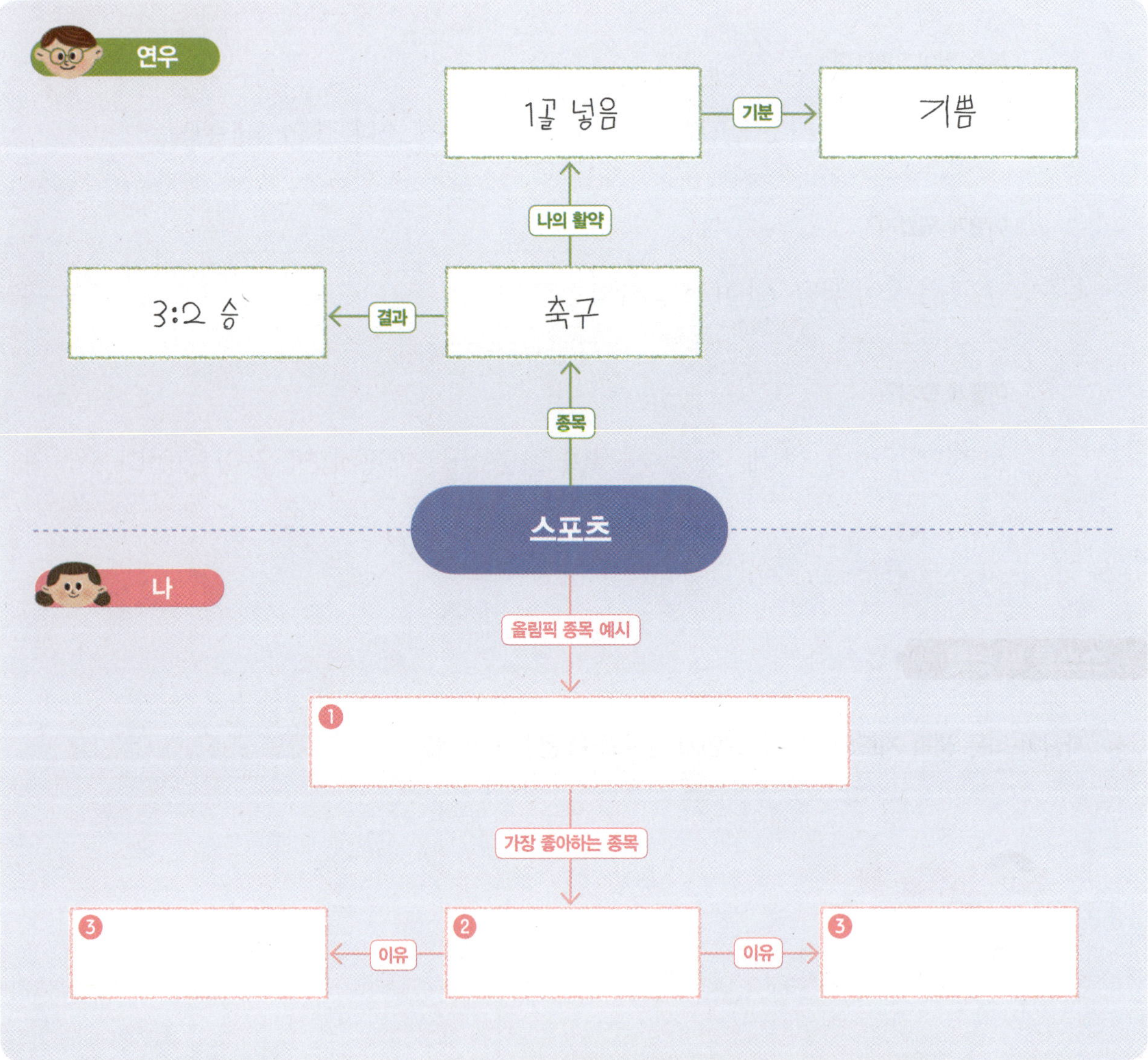

연우

```
        1골 넣음  ──기분──▶  기쁨
              ▲
              │ 나의 활약
              │
3:2 승 ◀──결과── 축구
              ▲
              │ 종목
              │
          ┌────────┐
          │  스포츠  │
          └────────┘
```

나

```
          스포츠
            │ 올림픽 종목 예시
            ▼
        ┌─────────┐
        │ ❶        │
        └─────────┘
            │ 가장 좋아하는 종목
            ▼
❸ ◀─이유─ ❷ ─이유─▶ ❸
```

생각 지도에 아래 질문에 대한 답을 써 보세요!
❶ 올림픽 경기에는 어떤 종목들이 있나요?
❷ 그중 가장 좋아하는 종목은 무엇인가요?
❸ 그 이유는 무엇인가요? 2가지를 적어 보세요.
이외에도 다양한 생각을 마음껏 떠올려 보세요.

116 5장 실전 문장 쓰기

친구들의 생각을 알아봐요

◆ 생각 지도에 적은 내용을 바탕으로 친구가 쓴 글이에요. 무슨 글을 썼는지 읽어 보고, 자신이라면 어떤 글을 쓸지 생각해 보세요.

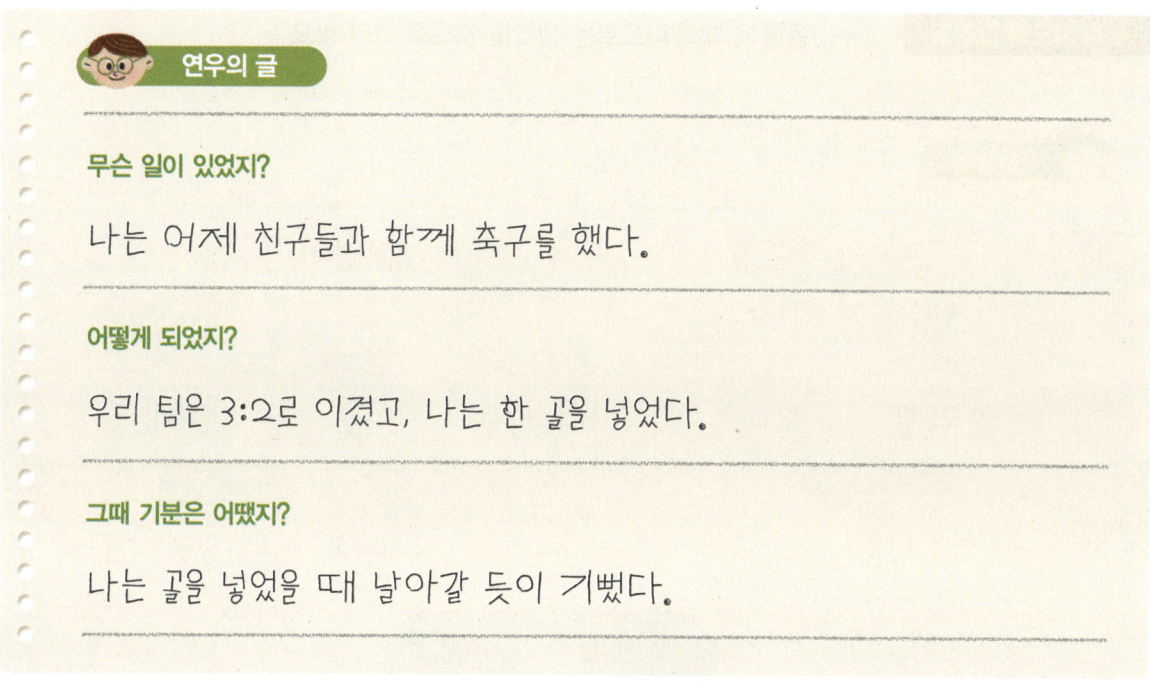

연우의 글

무슨 일이 있었지?
나는 어제 친구들과 함께 축구를 했다.

어떻게 되었지?
우리 팀은 3:2로 이겼고, 나는 한 골을 넣었다.

그때 기분은 어땠지?
나는 골을 넣었을 때 날아갈 듯이 기뻤다.

스스로 써 봐요

◆ 자신이 적은 생각 지도의 내용을 보면서 나만의 세 문장을 쓰세요.

나의 글

32 동물

생각 지도를 그려요 ◆ '동물'에 대해 떠오르는 생각을 지도로 그려 봐요.

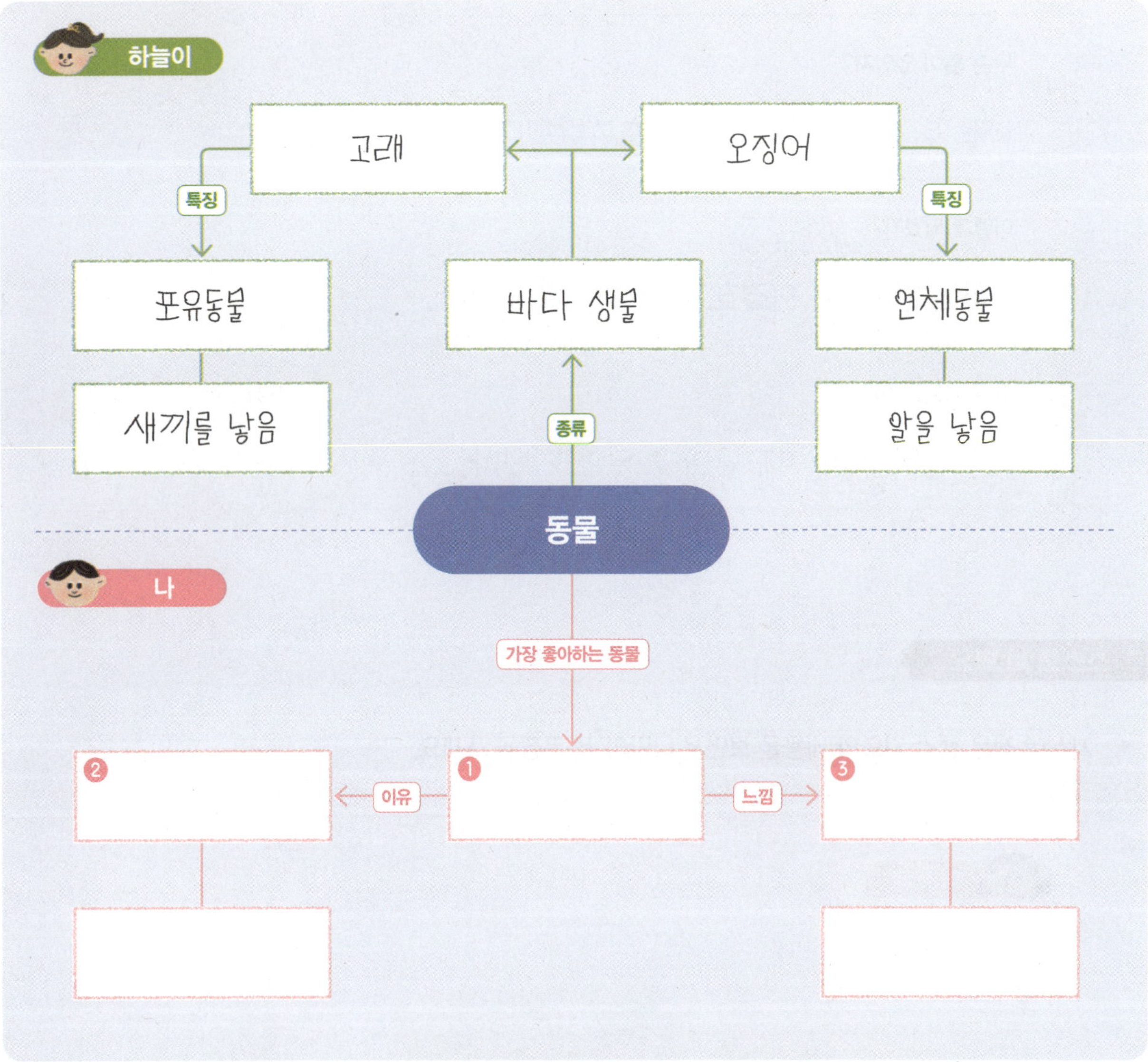

하늘이

- 고래 ↔ 오징어
- 고래 —특징→ 포유동물 → 새끼를 낳음
- 바다 생물 —종류→ 동물
- 오징어 —특징→ 연체동물 → 알을 낳음

나

동물 —가장 좋아하는 동물→ ①

① ←이유— ②
① —느낌→ ③

생각 지도에 아래 질문에 대한 답을 써 보세요!
① 가장 좋아하는 동물은 무엇인가요?
② 그 이유는 무엇인가요? 2가지를 적어 보세요.
③ 그 동물에 대한 느낌은 어떤가요? 2가지를 적어 보세요.
이외에도 다양한 생각을 마음껏 떠올려 보세요.

친구들의 생각을 알아봐요

◆ 생각 지도에 적은 내용을 바탕으로 친구가 쓴 글이에요. 무슨 글을 썼는지 읽어 보고, 자신이라면 어떤 글을 쓸지 생각해 보세요.

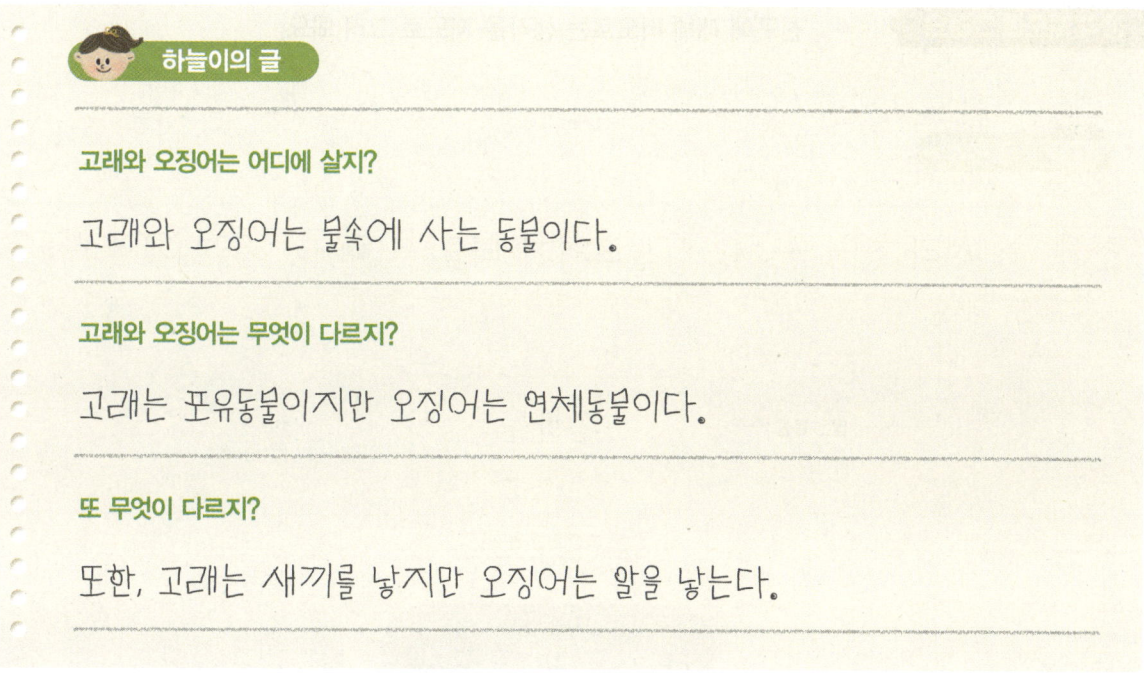

하늘이의 글

고래와 오징어는 어디에 살지?

고래와 오징어는 물속에 사는 동물이다.

고래와 오징어는 무엇이 다르지?

고래는 포유동물이지만 오징어는 연체동물이다.

또 무엇이 다르지?

또한, 고래는 새끼를 낳지만 오징어는 알을 낳는다.

스스로 써 봐요

◆ 자신이 적은 생각 지도의 내용을 보면서 나만의 세 문장을 쓰세요.

나의 글

33 친구

7주차 3일

생각 지도를 그려요 ◆ '친구'에 대해 떠오르는 생각을 지도로 그려 봐요.

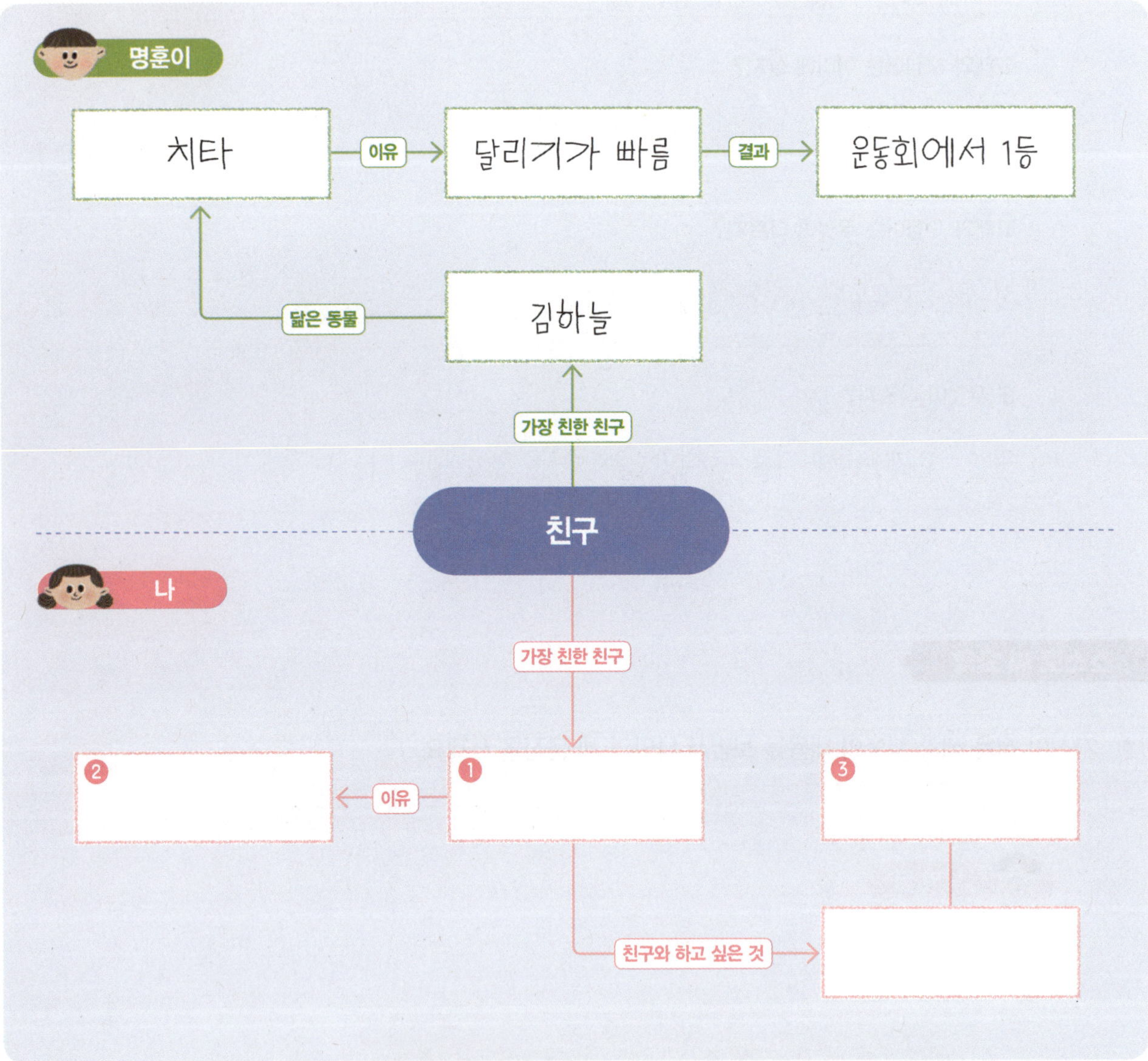

명훈이

치타 —[이유]→ 달리기가 빠름 —[결과]→ 운동회에서 1등

↑[닮은 동물]— 김하늘

↑[가장 친한 친구]

친구

나

↓[가장 친한 친구]

② ←[이유]— ①   ③

↓[친구와 하고 싶은 것]→ ☐

생각 지도에 아래 질문에 대한 답을 써 보세요!
① 나와 가장 친한 친구는 누구인가요?
② 그렇게 생각하는 이유는 무엇인가요?
③ 그 친구와 하고 싶은 것은 무엇인가요? 2가지를 적어 보세요.
이외에도 다양한 생각을 마음껏 떠올려 보세요.

친구들의 생각을 알아봐요

◆ 생각 지도에 적은 내용을 바탕으로 친구가 쓴 글이에요. 무슨 글을 썼는지 읽어 보고, 자신이라면 어떤 글을 쓸지 생각해 보세요.

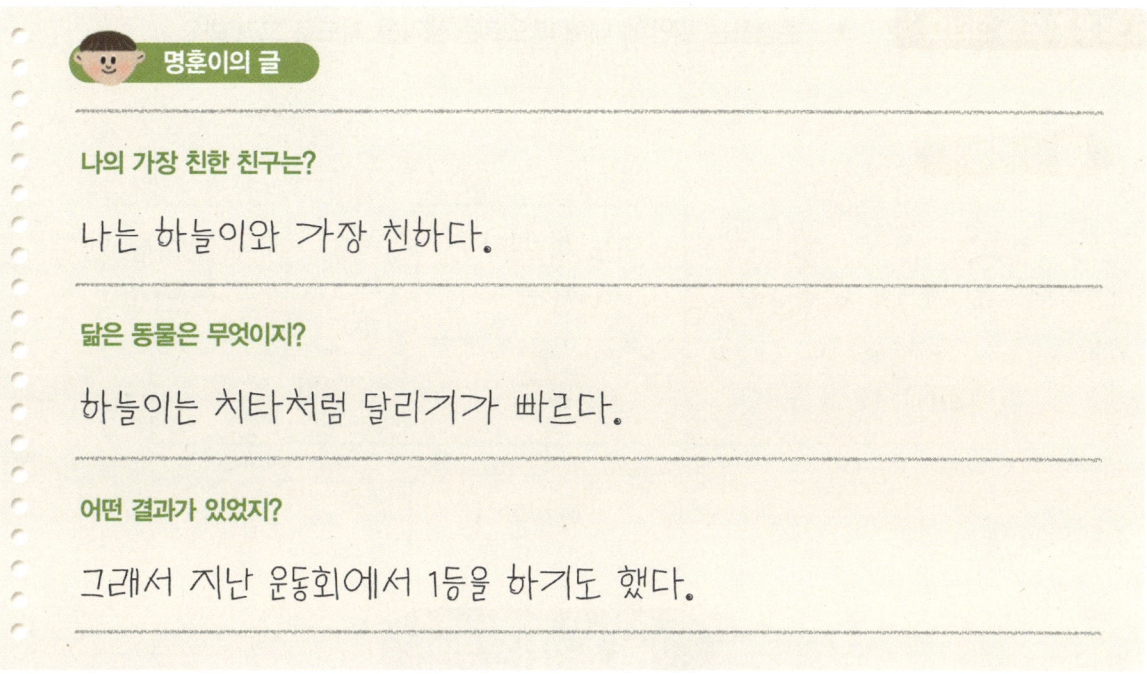

명훈이의 글

나의 가장 친한 친구는?

나는 하늘이와 가장 친하다.

닮은 동물은 무엇이지?

하늘이는 치타처럼 달리기가 빠르다.

어떤 결과가 있었지?

그래서 지난 운동회에서 1등을 하기도 했다.

스스로 써 봐요

◆ 자신이 적은 생각 지도의 내용을 보면서 나만의 세 문장을 쓰세요.

나의 글

34 존경하는 위인

7주차 4일

생각 지도를 그려요 ◆ '존경하는 위인'에 대해 떠오르는 생각을 지도로 그려 봐요.

다연이

| 하얼빈 역으로 감 | 이토 히로부미 저격 | "대한 독립 만세" 외침 |

순서 1 → 순서 2 → 순서 3

안중근

가장 존경하는 위인

나

① [　　　　]

업적 → ② [　　　　]

생각이나 느낌 → ③ [　　　　]

> 생각 지도에 아래 질문에 대한 답을 써 보세요!
> ❶ 자신이 가장 존경하는 위인은 누구인가요?
> ❷ 그 위인이 나라를 위해 무슨 일을 하셨나요?
> ❸ 그분에 대한 자신의 생각이나 느낌은 어떤가요?
> 이외에도 다양한 생각을 마음껏 떠올려 보세요.

친구들의 생각을 알아봐요

◆ 생각 지도에 적은 내용을 바탕으로 친구가 쓴 글이에요. 무슨 글을 썼는지 읽어 보고, 자신이라면 어떤 글을 쓸지 생각해 보세요.

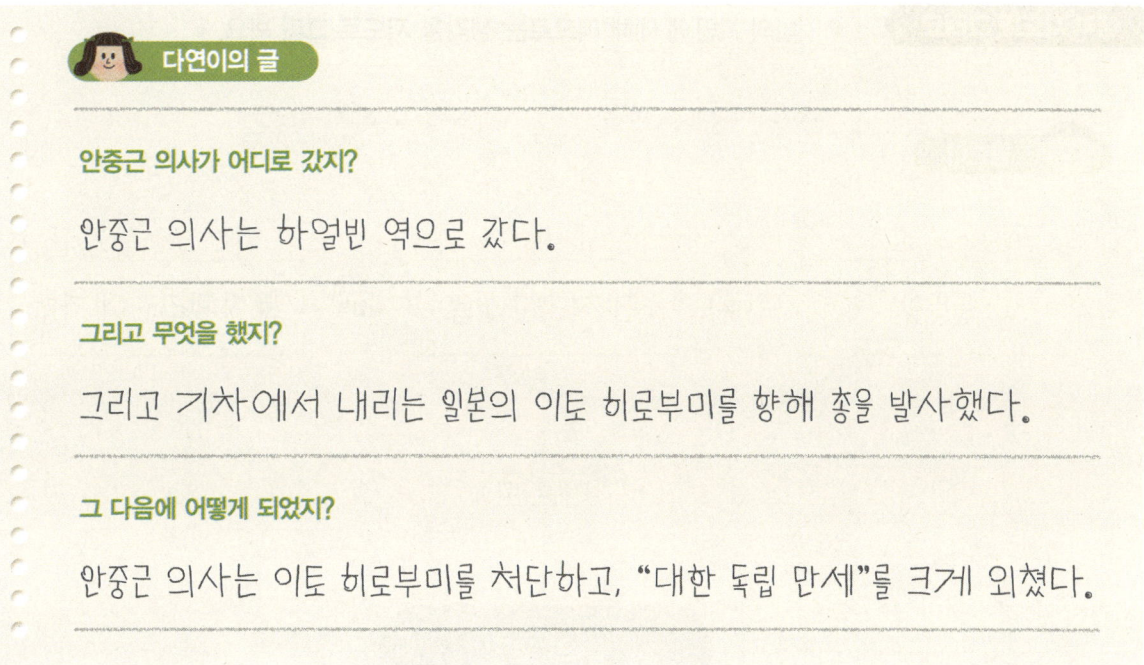

다연이의 글

안중근 의사가 어디로 갔지?
안중근 의사는 하얼빈 역으로 갔다.

그리고 무엇을 했지?
그리고 기차에서 내리는 일본의 이토 히로부미를 향해 총을 발사했다.

그 다음에 어떻게 되었지?
안중근 의사는 이토 히로부미를 처단하고, "대한 독립 만세"를 크게 외쳤다.

스스로 써 봐요

◆ 자신이 적은 생각 지도의 내용을 보면서 나만의 세 문장을 쓰세요.

나의 글

나의 고민

7주차 5일
35

생각 지도를 그려요 ◆ '나의 고민'에 대해 떠오르는 생각을 지도로 그려 봐요.

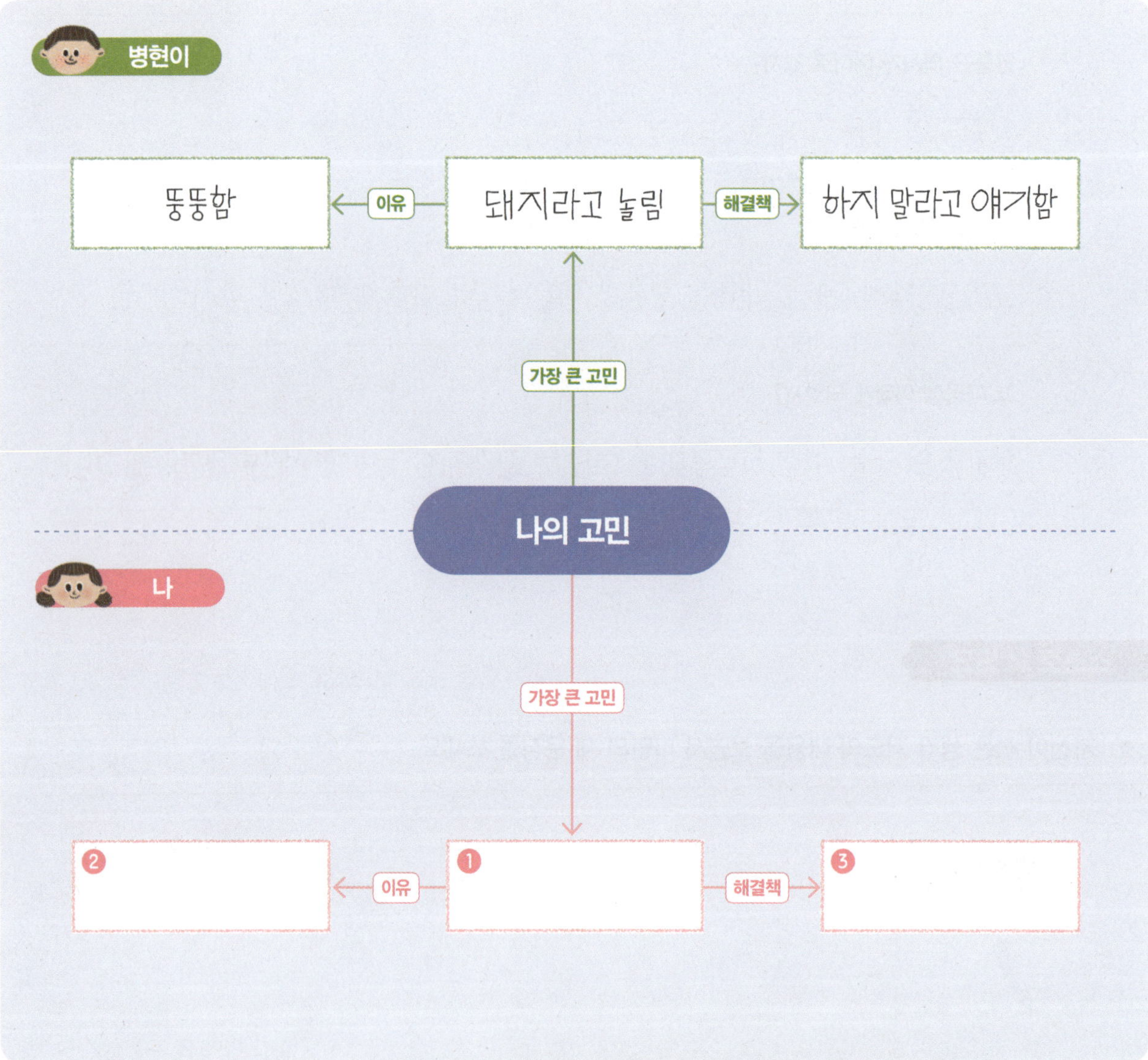

병현이

[뚱뚱함] ← 이유 ― [돼지라고 놀림] ― 해결책 → [하지 말라고 얘기함]

↑ 가장 큰 고민

(나의 고민)

나

↓ 가장 큰 고민

② [ ] ← 이유 ― ① [ ] ― 해결책 → ③ [ ]

생각 지도에 아래 질문에 대한 답을 써 보세요!
❶ 현재 나의 가장 큰 고민은 무엇인가요?
❷ 그 고민이 생긴 이유는 무엇인가요?
❸ 고민을 해결하는 방법에는 무엇이 있나요?
이외에도 다양한 생각을 마음껏 떠올려 보세요.

친구들의 생각을 알아봐요

◆ 생각 지도에 적은 내용을 바탕으로 친구가 쓴 글이에요. 무슨 글을 썼는지 읽어 보고, 자신이라면 어떤 글을 쓸지 생각해 보세요.

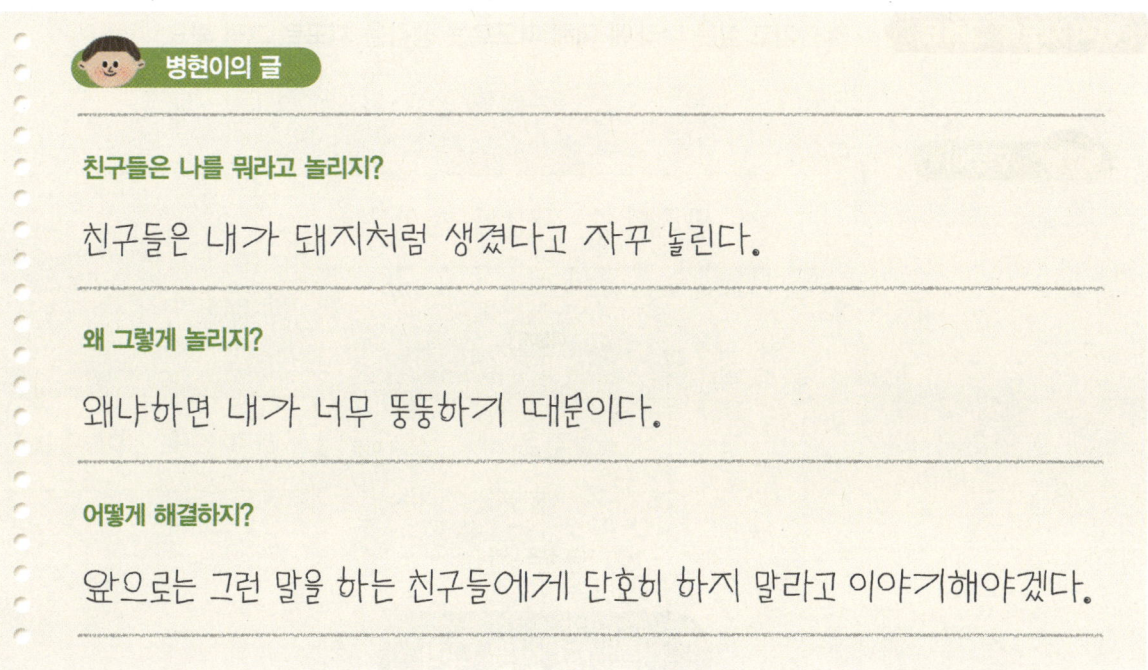

병현이의 글

친구들은 나를 뭐라고 놀리지?
친구들은 내가 돼지처럼 생겼다고 자꾸 놀린다.

왜 그렇게 놀리지?
왜냐하면 내가 너무 뚱뚱하기 때문이다.

어떻게 해결하지?
앞으로는 그런 말을 하는 친구들에게 단호히 하지 말라고 이야기해야겠다.

스스로 써 봐요

◆ 자신이 적은 생각 지도의 내용을 보면서 나만의 세 문장을 쓰세요.

나의 글

36 여행하고 싶은 나라
8주차 1일

생각 지도를 그려요 ◆ '가고 싶은 나라'에 대해 떠오르는 생각을 지도로 그려 봐요.

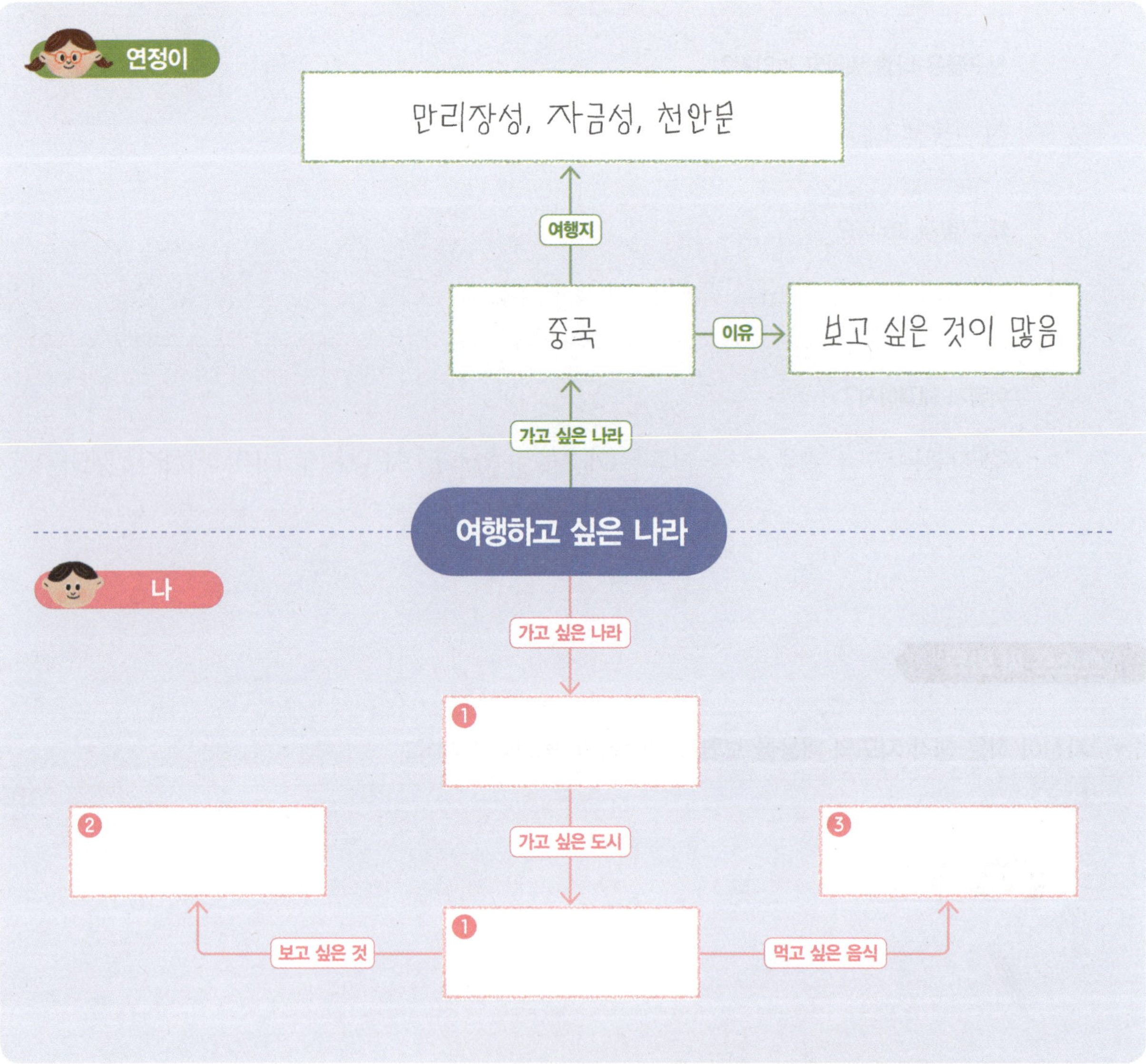

연정이

만리장성, 자금성, 천안문
↑ 여행지
중국 —이유→ 보고 싶은 것이 많음
↑ 가고 싶은 나라

여행하고 싶은 나라

나

↓ 가고 싶은 나라
❶ [   ]
↓ 가고 싶은 도시
❷ [   ] ←보고 싶은 것— ❶ [   ] —먹고 싶은 음식→ ❸ [   ]

생각 지도에 아래 질문에 대한 답을 써 보세요!
❶ 자신이 가장 가고 싶은 나라와 도시는 어디인가요?
❷ 그곳에 가서 무엇을 보고 싶나요?
❸ 그곳에 가서 무엇을 먹고 싶나요?
이외에도 다양한 생각을 마음껏 떠올려 보세요.

친구들의 생각을 알아봐요

◆ 생각 지도에 적은 내용을 바탕으로 친구가 쓴 글이에요. 무슨 글을 썼는지 읽어 보고, 자신이라면 어떤 글을 쓸지 생각해 보세요.

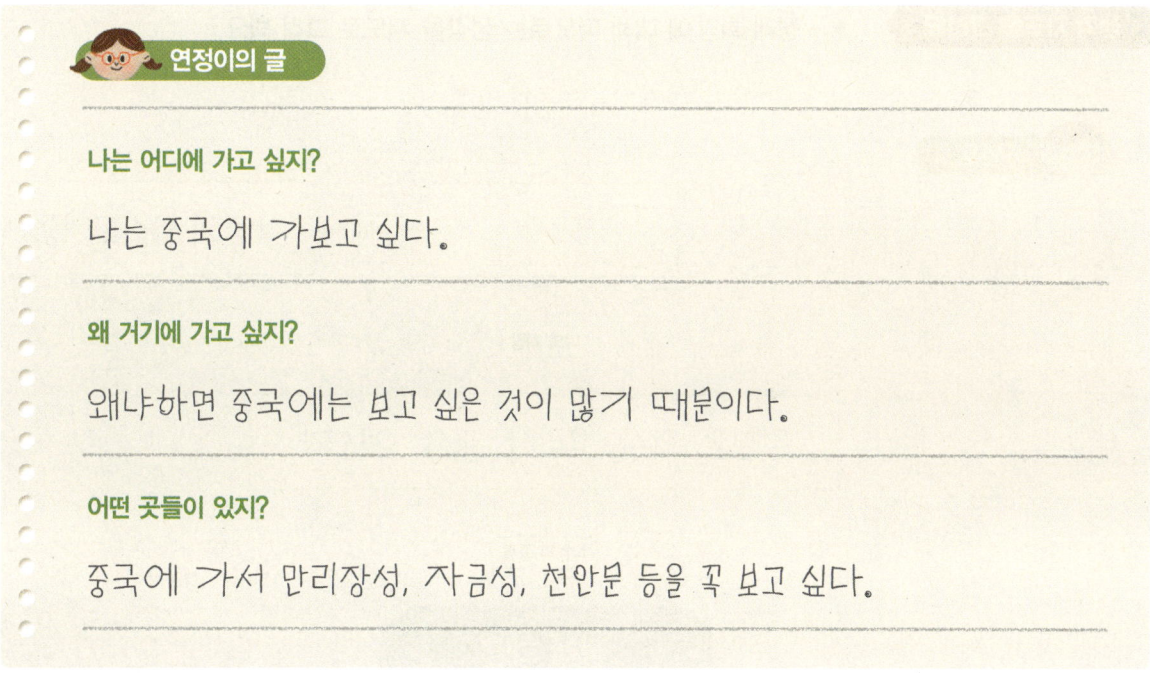

연정이의 글

나는 어디에 가고 싶지?

나는 중국에 가보고 싶다.

왜 거기에 가고 싶지?

왜냐하면 중국에는 보고 싶은 것이 많기 때문이다.

어떤 곳들이 있지?

중국에 가서 만리장성, 자금성, 천안문 등을 꼭 보고 싶다.

스스로 써 봐요

◆ 자신이 적은 생각 지도의 내용을 보면서 나만의 세 문장을 쓰세요.

나의 글

장래 희망

생각 지도를 그려요 ◆ '장래 희망'에 대해 떠오르는 생각을 지도로 그려 봐요.

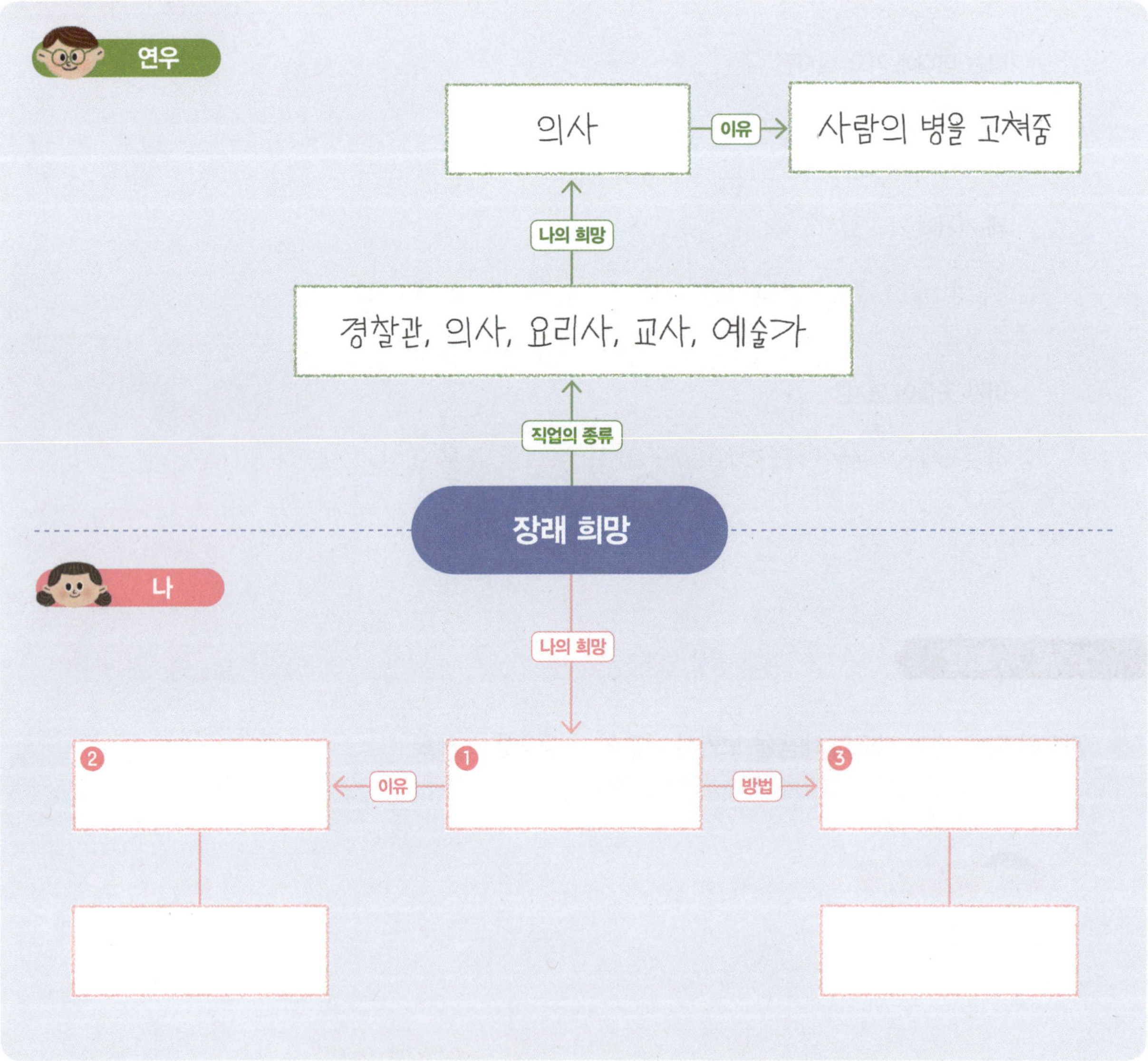

연우

의사 —이유→ 사람의 병을 고쳐줌

↑ 나의 희망

경찰관, 의사, 요리사, 교사, 예술가

↑ 직업의 종류

장래 희망

나

↓ 나의 희망

❷ ←이유— ❶ —방법→ ❸

생각 지도에 아래 질문에 대한 답을 써 보세요!
❶ 자신이 커서 갖고 싶은 직업은 무엇인가요?
❷ 그 이유는 무엇인가요? 2가지를 적어 보세요.
❸ 그 꿈을 이루기 위해 어떤 노력을 해야 하나요? 2가지를 적어 보세요.
이외에도 다양한 생각을 마음껏 떠올려 보세요.

공부한 날   월   일

친구들의 생각을 알아봐요

◆ 생각 지도에 적은 내용을 바탕으로 친구가 쓴 글이에요. 무슨 글을 썼는지 읽어 보고, 자신이라면 어떤 글을 쓸지 생각해 보세요.

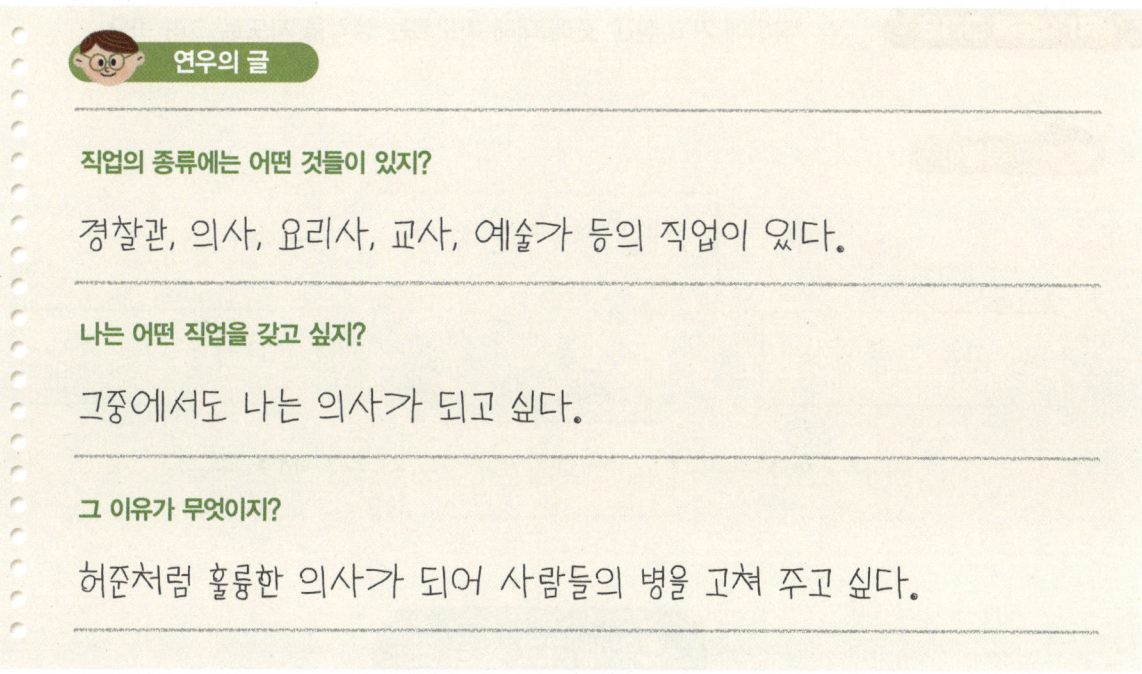

연우의 글

직업의 종류에는 어떤 것들이 있지?

경찰관, 의사, 요리사, 교사, 예술가 등의 직업이 있다.

나는 어떤 직업을 갖고 싶지?

그중에서도 나는 의사가 되고 싶다.

그 이유가 무엇이지?

허준처럼 훌륭한 의사가 되어 사람들의 병을 고쳐 주고 싶다.

스스로 써 봐요

◆ 자신이 적은 생각 지도의 내용을 보면서 나만의 세 문장을 쓰세요.

나의 글

37 장래 희망

38 휴일에 가고 싶은 곳

8주차 3일

생각 지도를 그려요 ◆ '휴일에 가고 싶은 곳'에 대해 떠오르는 생각을 지도로 그려 봐요.

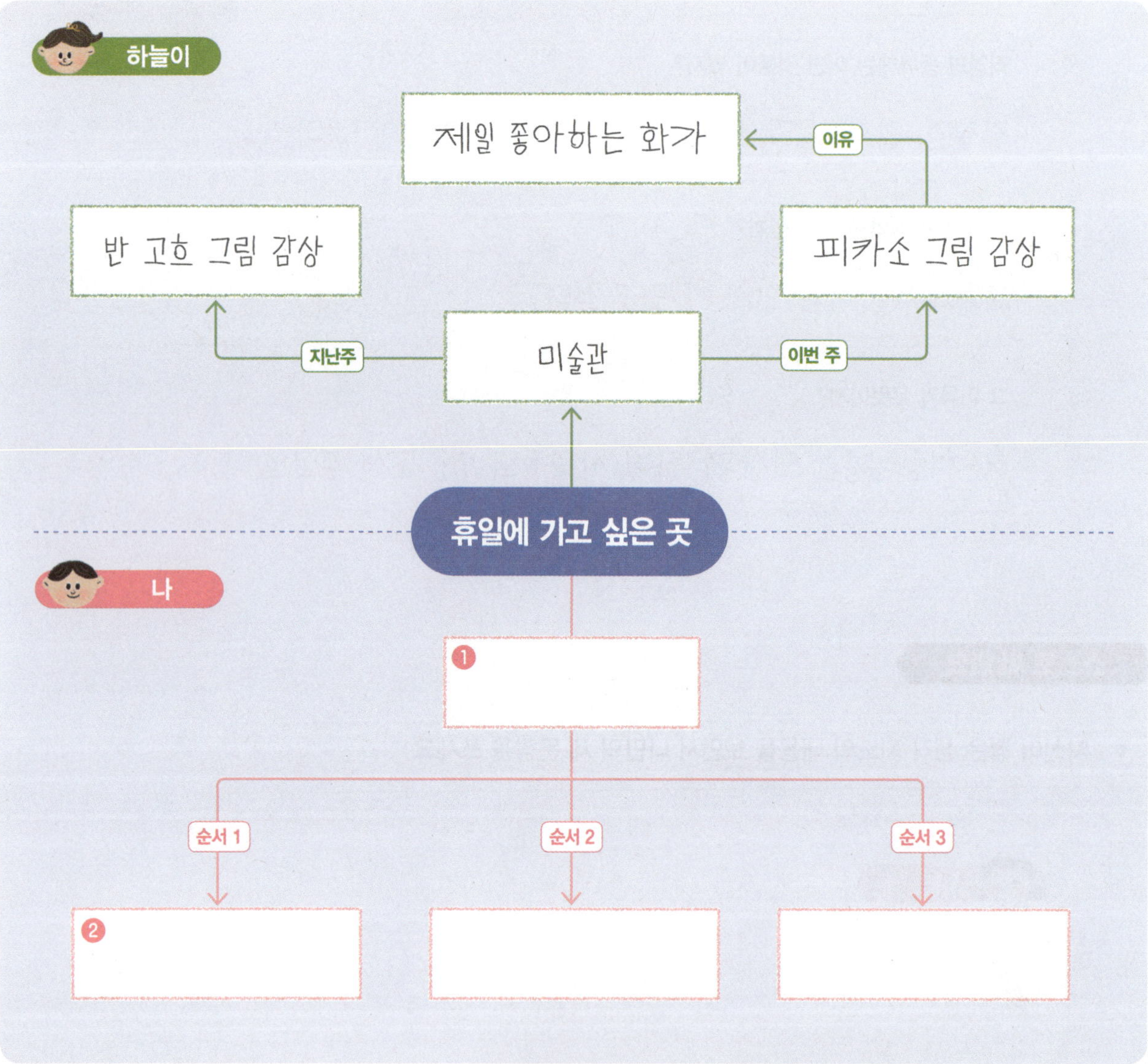

하늘이

제일 좋아하는 화가 ← 이유 ― 피카소 그림 감상

반 고흐 그림 감상

지난주 ― 미술관 ― 이번 주

나

휴일에 가고 싶은 곳

❶ [   ]

순서 1 / 순서 2 / 순서 3

❷ [   ] [   ] [   ]

생각 지도에 아래 질문에 대한 답을 써 보세요!
❶ 휴일에 가고 싶은 곳은 어디인가요?
❷ 그곳에 가서 순서대로 할 일은 무엇인가요?
이외에도 다양한 생각을 마음껏 떠올려 보세요.

130 5장 실전 문장 쓰기

친구들의 생각을 알아봐요

◆ 생각 지도에 적은 내용을 바탕으로 친구가 쓴 글이에요. 무슨 글을 썼는지 읽어 보고, 자신이라면 어떤 글을 쓸지 생각해 보세요.

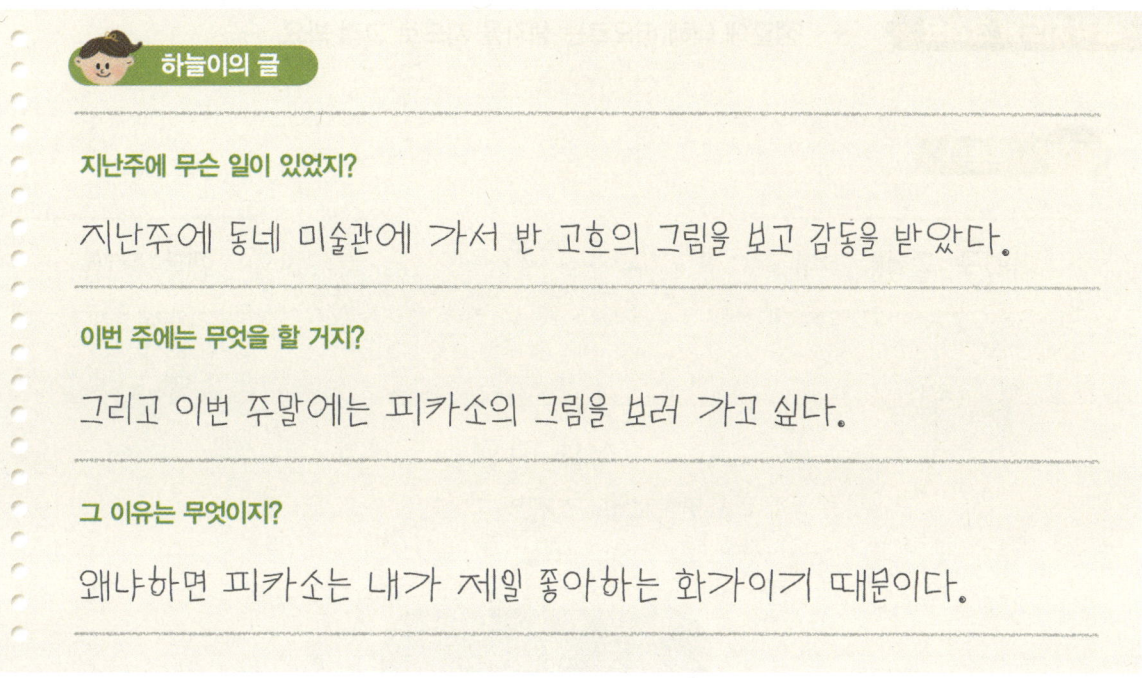

하늘이의 글

지난주에 무슨 일이 있었지?
지난주에 동네 미술관에 가서 반 고흐의 그림을 보고 감동을 받았다.

이번 주에는 무엇을 할 거지?
그리고 이번 주말에는 피카소의 그림을 보러 가고 싶다.

그 이유는 무엇이지?
왜냐하면 피카소는 내가 제일 좋아하는 화가이기 때문이다.

스스로 써 봐요

◆ 자신이 적은 생각 지도의 내용을 보면서 나만의 세 문장을 쓰세요.

나의 글

39 생일

8주차 4일

생각 지도를 그려요 ◆ '생일'에 대해 떠오르는 생각을 지도로 그려 봐요.

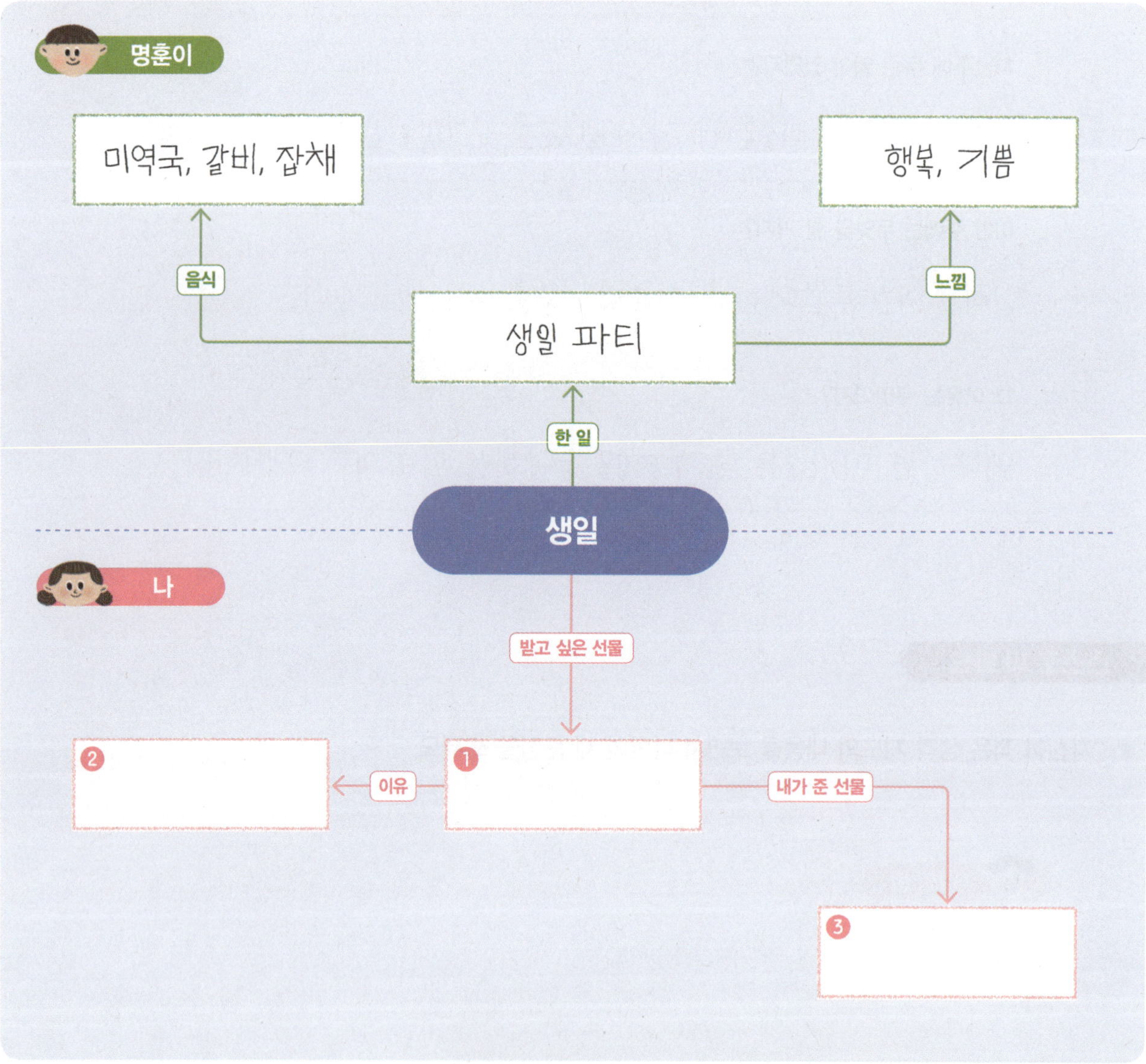

명훈이

- 음식: 미역국, 갈비, 잡채
- 느낌: 행복, 기쁨
- 한 일: 생일 파티

나

생일

- 받고 싶은 선물 → ①
- 이유 → ②
- 내가 준 선물 → ③

생각 지도에 아래 질문에 대한 답을 써 보세요!
❶ 생일 때 친구들에게 받고 싶은 선물은 무엇인가요?
❷ 그 선물이 받고 싶은 이유는 무엇인가요?
❸ 친구들의 생일에 선물로 준 것에는 어떤 것이 있나요?
이외에도 다양한 생각을 마음껏 떠올려 보세요.

친구들의 생각을 알아봐요

◆ 생각 지도에 적은 내용을 바탕으로 친구가 쓴 글이에요. 무슨 글을 썼는지 읽어 보고, 자신이라면 어떤 글을 쓸지 생각해 보세요.

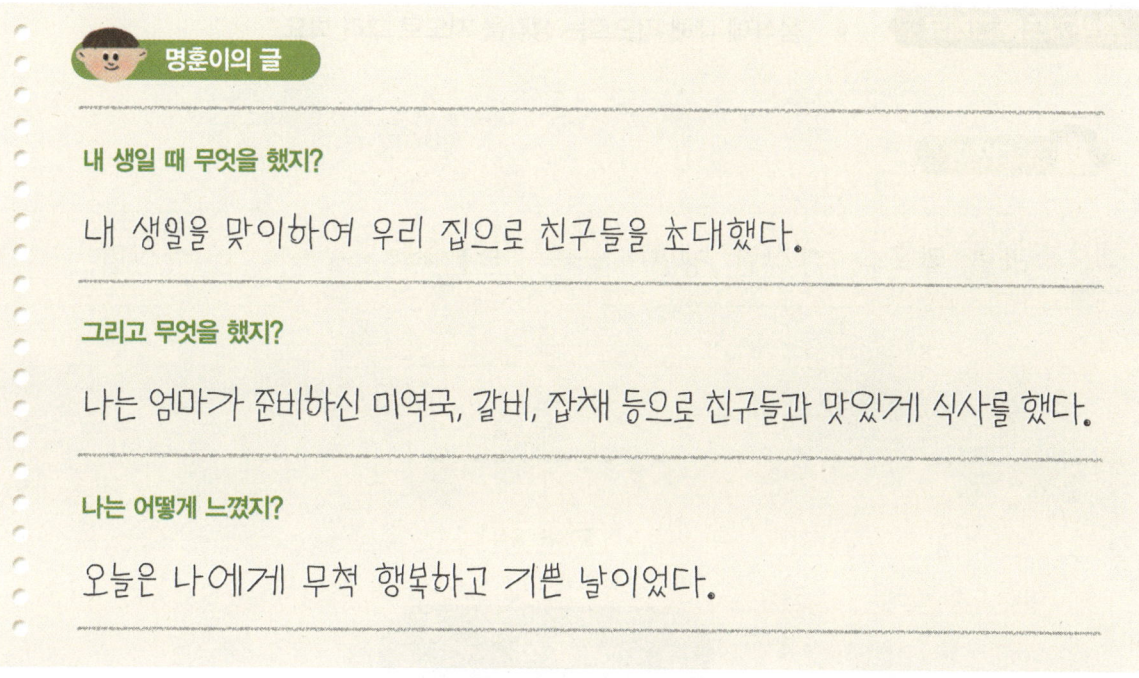

명훈이의 글

내 생일 때 무엇을 했지?
내 생일을 맞이하여 우리 집으로 친구들을 초대했다.

그리고 무엇을 했지?
나는 엄마가 준비하신 미역국, 갈비, 잡채 등으로 친구들과 맛있게 식사를 했다.

나는 어떻게 느꼈지?
오늘은 나에게 무척 행복하고 기쁜 날이었다.

스스로 써 봐요

◆ 자신이 적은 생각 지도의 내용을 보면서 나만의 세 문장을 쓰세요.

나의 글

40 음식

생각 지도를 그려요 ◆ '음식'에 대해 떠오르는 생각을 지도로 그려 봐요.

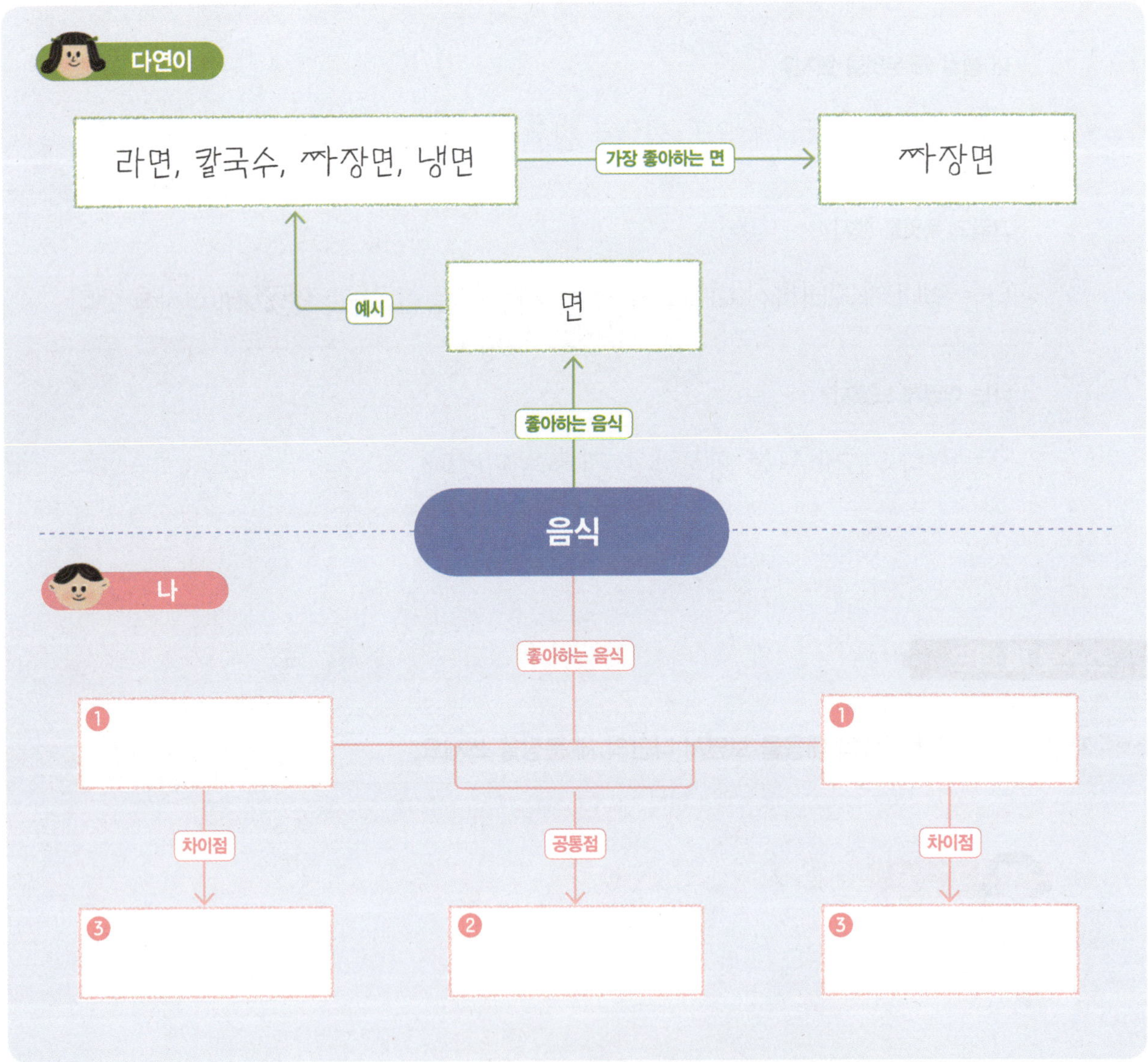

다연이

라면, 칼국수, 짜장면, 냉면 ──가장 좋아하는 면→ 짜장면

↑ 예시

면

↑ 좋아하는 음식

음식

나

│ 좋아하는 음식

❶ ─────────────── ❶

↓ 차이점   공통점   ↓ 차이점

❸   ❷   ❸

생각 지도에 아래 질문에 대한 답을 써 보세요!
❶ 좋아하는 음식은 무엇인가요? 2가지를 적어 보세요.
❷ 그 2가지 음식의 공통점은 무엇인가요?
❸ 그 2가지 음식의 차이점은 무엇인가요?
이외에도 다양한 생각을 마음껏 떠올려 보세요.

친구들의 생각을 알아봐요

◆ 생각 지도에 적은 내용을 바탕으로 친구가 쓴 글이에요. 무슨 글을 썼는지 읽어 보고, 자신이라면 어떤 글을 쓸지 생각해 보세요.

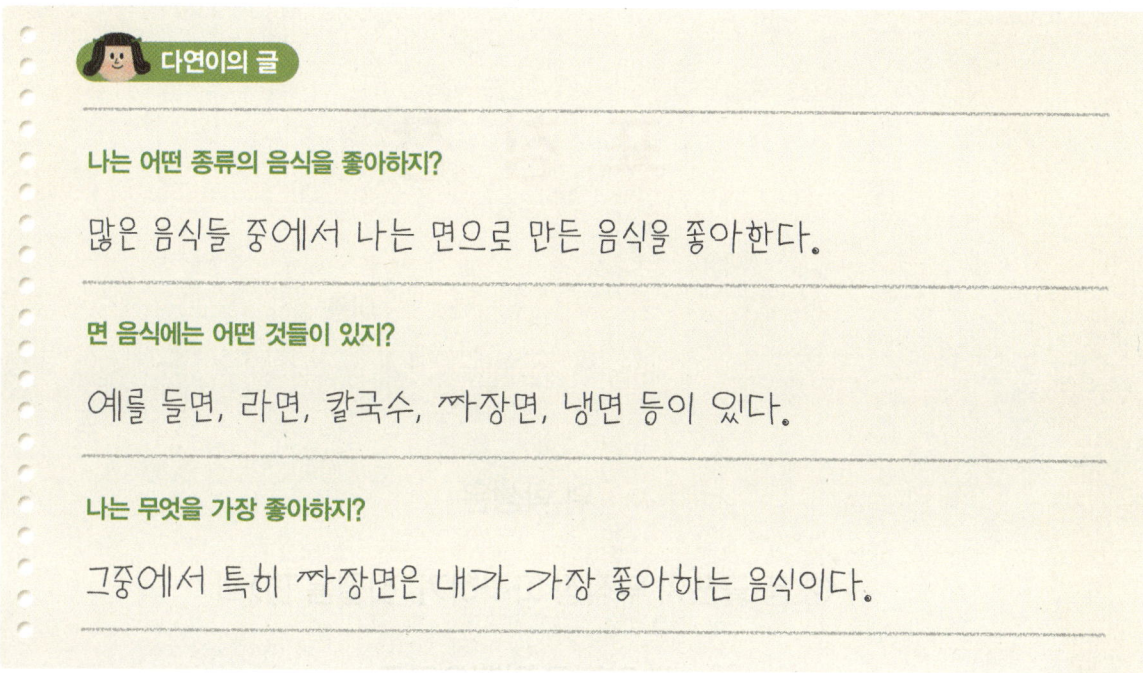

다연이의 글

나는 어떤 종류의 음식을 좋아하지?
많은 음식들 중에서 나는 면으로 만든 음식을 좋아한다.

면 음식에는 어떤 것들이 있지?
예를 들면, 라면, 칼국수, 짜장면, 냉면 등이 있다.

나는 무엇을 가장 좋아하지?
그중에서 특히 짜장면은 내가 가장 좋아하는 음식이다.

스스로 써 봐요

◆ 자신이 적은 생각 지도의 내용을 보면서 나만의 세 문장을 쓰세요.

나의 글

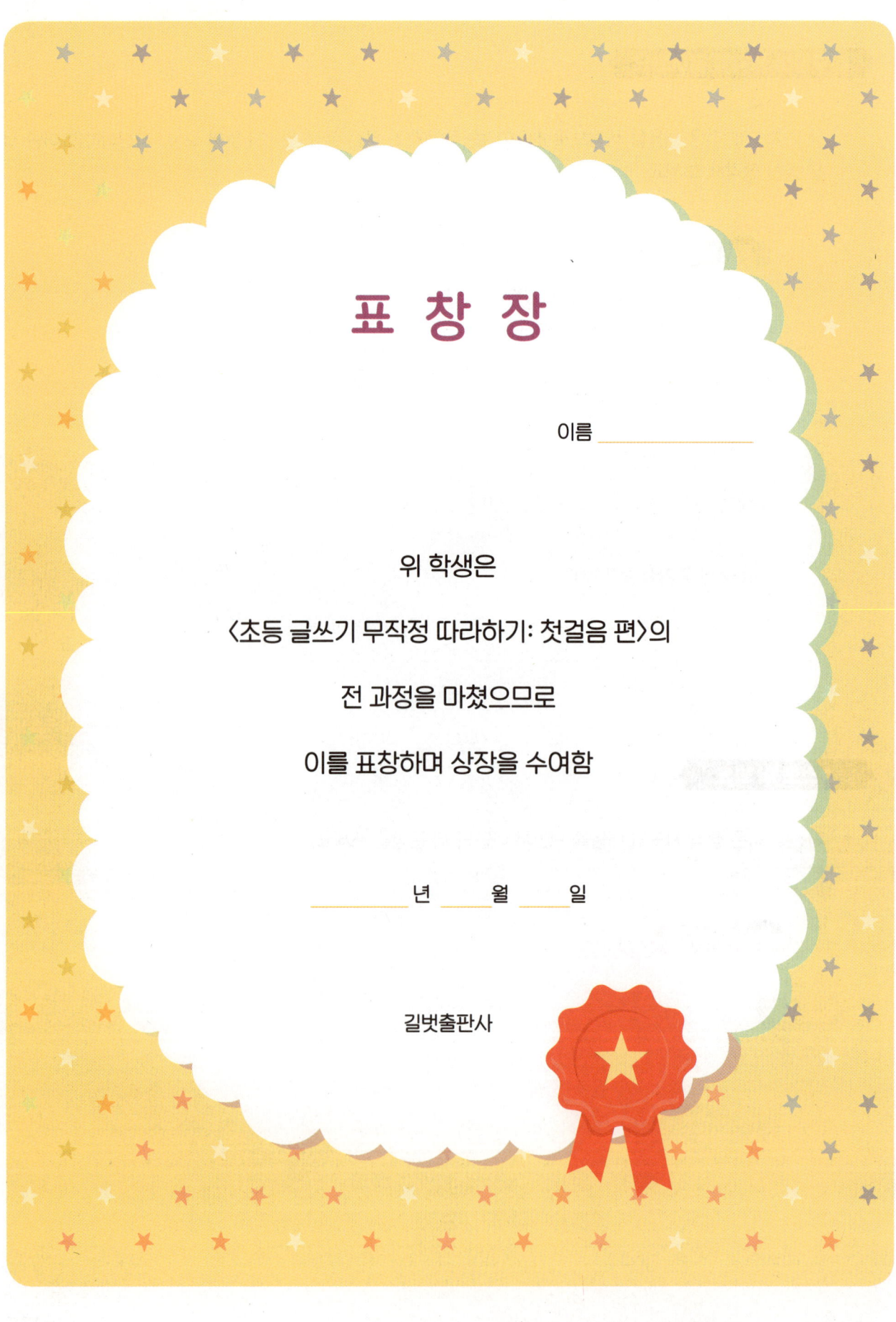

주어부터 3문장까지 초등 기초 글쓰기 완벽 훈련!

초등 글쓰기

최승한 지음

무작정 따라하기 첫걸음 편

글쓰기 훈련집

- 3문장까지 논리적으로 연결하여 쓸 수 있어요!
- 글쓰기에 처음 입문하는 아이들의 길잡이 역할을 해요!
- 초등학교 선생님도 감탄한 초등 기초 글쓰기 방법이에요!

길벗스쿨

주어부터 3문장까지 초등 기초 글쓰기 완벽 훈련!

초등 글쓰기
무작정 따라하기
첫걸음 편

글쓰기 훈련집

길벗스쿨

차례

01 문장의 주어 익히기   4
02 문장의 서술어 익히기   5
03 문장의 목적어 익히기   6
04 문장의 보어 익히기   7
05 무엇이(가) 무엇이다   8
06 무엇이(가) 어떠하다   9
07 무엇이(가) 어찌하다   10
08 무엇이(가) 무엇이(가) 되다/아니다   11
09 무엇이(가) 무엇을 어찌하다   12
10 무엇이(가) 무엇에게 무엇을 어찌하다   13

11 '어떤'으로 꾸미기   14
12 '어떻게'로 꾸미기   15
13 '소리를 나타내는 낱말'로 꾸미기   16
14 '모양을 나타내는 낱말'로 꾸미기   17
15 '어디에(서)'로 꾸미기   18
16 '무엇보다'로 꾸미기   19
17 '무엇이 어떠한'으로 꾸미기   20
18 '무엇을 어찌한'으로 꾸미기   21

이 책은 본책의 내용을 좀 더 늘려 학습할 수 있도록 구성된 훈련집이에요. 영어 교재로 비유하자면 〈WORKBOOK〉의 역할이라고 보면 돼요. 이 훈련집은 여러분이 스스로 쓰고 싶은 내용을 머릿속에 상상하여 쓸 수 있게 구성하였어요. 본책의 하루 분량을 다 끝낸 후에는 바로 이어서 진도에 맞춰 이 훈련집을 풀어 보세요. 훨씬 더 상상력이 풍부해지며 글쓰기 능력이 조금씩 향상되는 자신을 발견할 수 있을 거예요.

19 예를 들어 설명하기	22	**29** 나의 얼굴	32
20 빗대어 쓰기	23	**30** 날씨	33
21 비교나 대조하기	24	**31** 운동 경기	34
22 다음에 일어난 일 설명하기	25	**32** 동물	35
23 해결 방법 설명하기	26	**33** 친구	36
24 이유 설명하기	27	**34** 존경하는 위인	37
25 결과 설명하기	28	**35** 나의 고민	38
26 비슷하거나 반대되는 문장 쓰기	29	**36** 여행하고 싶은 나라	39
27 분류하기	30	**37** 장래 희망	40
28 자신의 느낌이나 감정 표현하기	31	**38** 휴일에 가고 싶은 곳	41
		39 생일	42
		40 음식	43

01 문장의 주어 익히기

◆ 주제별로 빈칸에 알맞은 주어를 써 보세요.

주제 1 야구

1. _____ 등장했다.

2. _____ 공을 쳤다.

주제 2 학교

3. _____ 튼튼하다.

4. _____ 운동장을 달렸다.

주제 3 식물

5. _____ 예쁘다.

6. _____ 빨갛다.

02 문장의 서술어 익히기

◆ 주제별로 빈칸에 알맞은 서술어를 써 보세요.

주제 1 음식

1. 라면이 _____.

2. 생일에 케이크를 _____.

주제 2 가족

3. 아빠가 _____.

4. 나는 엄마와 함께 책을 _____.

주제 3 놀이공원

5. 회전목마가 _____.

6. 나는 바이킹을 _____.

03 문장의 목적어 익히기

◆ 주제별로 빈칸에 알맞은 목적어를 써 보세요.

주제 1 음료수

1 나는 _____ 마셨다.

2 엄마는 _____ 좋아한다.

주제 2 동물

3 사자가 _____ 물었다.

4 엄마가 태국에서 _____ 보았다.

주제 3 운송 수단

5 그는 미국에 가기 위해 _____ 탔다.

6 아버지께서 _____ 운전하신다.

04 문장의 보어 익히기

◆ 주제별로 빈칸에 알맞은 보어를 써 보세요.

주제 1 장래희망

1. 나는 [   ] 되고 싶다.

2. 나의 꿈은 [   ] 아니다.

주제 2 곤충

3. 애벌레가 [   ] 되었다.

4. 매미는 [   ] 아니다.

주제 3 애완동물

5. 강아지가 [   ] 되었다.

6. 고양이는 [   ] 아니다.

공부한 날   월   일

05 무엇이(가) 무엇이다

1 주제를 참고하여 '무엇이(가) 무엇이다' 문장을 상상하여 쓰세요.

주제 1   동화

① 라푼젤은 _____ .

② _____   _____ .

주제 2   생물

③ _____ 식물이다.

④ _____   _____ .

2 〈보기〉처럼 '무엇이(가) 무엇이다' 문장을 직접 만들어 보세요.

| 보기 | 컴퓨터는 기계이다. / 주스는 액체이다. |

① _____   _____ .

② _____   _____ .

공부한 날   월   일

06 무엇이(가) 어떠하다

1. 주제를 참고하여 '무엇이(가) 어떠하다' 문장을 상상하여 쓰세요.

주제 1　바다 생물

① 고래가 _____.

② _____ _____.

주제 2　음료수

③ _____ 새콤하다.

④ _____ _____.

2. 〈보기〉처럼 '무엇이(가) 어떠하다' 문장을 직접 만들어 보세요.

보기　　　콜라가 시원하다. / 날씨가 덥다.

① _____ _____.

② _____ _____.

07 무엇이(가) 어찌하다

2주차 2일

1. 주제를 참고하여 '무엇이(가) 어찌하다' 문장을 상상하여 쓰세요.

주제 1 이동 수단

① 기차가 　　　　　　　　　　．

② 　　　　　　　　　　　　　　　　　　　　　．

주제 2 경찰

③ 　　　　　　　　　　 달린다.

④ 　　　　　　　　　　　　　　　　　　　　　．

2. 〈보기〉처럼 '무엇이(가) 어찌하다' 문장을 직접 만들어 보세요.

보기　　　　　꽃이 핀다. / 해가 떠오른다.

① 　　　　　　　　　　　　　　　　　　　　　．

② 　　　　　　　　　　　　　　　　　　　　　．

08 무엇이(가) 무엇이(가) 되다/아니다

1. 주제를 참고하여 '무엇이(가) 무엇이(가) 되다/아니다' 문장을 상상하여 쓰세요.

주제 1 닭

1. 병아리가 _____ 되었다.

2. _____ _____ _____ .

주제 2 음료수

3. 물은 _____ 아니다.

4. _____ _____ _____ .

2. 〈보기〉처럼 '무엇이(가) 무엇이(가) 되다/아니다' 문장을 직접 만들어 보세요.

보기   종이가 비행기가 되다. / 사자는 가축이 아니다.

1. _____ _____ _____ .

2. _____ _____ _____ .

09 무엇이(가) 무엇을 어찌하다

2주차 4일

1. 주제를 참고하여 '무엇이(가) 무엇을 어찌하다' 문장을 상상하여 쓰세요.

주제 1 　교과서

① 동생은 _____ 풀었다.

② _____ _____ _____ .

주제 2 　직업

③ 의사는 _____ 치료했다.

④ _____ _____ _____ .

2. ⟨보기⟩처럼 '무엇이(가) 무엇을 어찌하다' 문장을 직접 만들어 보세요.

보기　하니가 운동장을 달린다. / 종철이가 연필을 잡았다.

① _____ _____ _____ .

② _____ _____ _____ .

공부한 날   월   일

2주차 5일 10. 무엇이(가) 무엇에게 무엇을 어찌하다

1. 주제를 참고하여 '무엇이(가) 무엇에게 무엇을 어찌하다' 문장을 상상하여 쓰세요.

주제 1 학용품

1) 엄마가 나에게 [　　　] [　　　].

2) [　　　] [　　　] [　　　] [　　　].

주제 2 연락

3) [　　　] 친구에게 [　　　] [　　　].

4) [　　　] [　　　] [　　　] [　　　].

2. <보기>처럼 '무엇이(가) 무엇에게 무엇을 어찌하다' 문장을 직접 만들어 보세요.

보기   희철이가 세민이에게 책을 주었다. / 투수가 타자에게 공을 던졌다.

1) [　　　] [　　　] [　　　] [　　　].

2) [　　　] [　　　] [　　　] [　　　].

공부한 날   월   일

 **11** **'어떤'으로 꾸미기**

1 〈보기〉를 참고하여 빈칸에 '어떤'에 해당하는 꾸밈말을 적어 보세요.

보기   나는 달콤한 아이스크림을 먹었다.

1 친구가 [   ] 게임을 소개했다.

2 그 소녀는 [   ] 강아지를 좋아한다.

2 아래 꾸밈말이 들어간 문장을 쓰세요.

1 아름다운

2 긴

3 무거운

공부한 날   월   일

12 '어떻게'로 꾸미기

1 〈보기〉를 참고하여 빈칸에 '어떻게'에 해당하는 꾸밈말을 적어 보세요.

보기   엄마가 가뿐하게 산에 올랐다.

① 바다가 [   ] 시원했다.

② 풍선이 [   ] 하늘로 올라간다.

2 아래 꾸밈말이 들어간 문장을 쓰세요.

① 아름답게

✎ _____

② 길게

✎ _____

③ 무겁게

✎ _____

13 '소리를 나타내는 낱말'로 꾸미기

1. 〈보기〉의 낱말을 사용하여 빈칸에 '소리를 나타내는 낱말'을 적어 보세요.

   보기   쪼르륵   터벅터벅

   ① 물이 [   ] 떨어졌다.

   ② 그가 [   ] 걸어왔다.

2. 아래 꾸밈말이 들어간 문장을 쓰세요.

   ① 쾅쾅

   ② 뚜벅뚜벅

   ③ 졸졸

'모양을 나타내는 낱말'로 꾸미기

1. 〈보기〉의 낱말을 사용하여 빈칸에 '모양을 나타내는 낱말'을 적어 보세요.

   보기   바삭바삭   대롱대롱

   ① 감나무에 감이 [   ] 매달렸다.

   ② 돈가스 한 조각이 [   ] 씹혔다.

2. 아래 꾸밈말이 들어간 문장을 쓰세요.

   ① 깡충깡충

   ② 덥석

   ③ 더덕더덕

공부한 날   월   일

 ## 15 '어디에(서)'로 꾸미기

1 주제를 참고하여 '어디에(서)'에 해당하는 꾸밈말을 상상하여 쓰세요.

주제 1 경기장

① 제 51회 운동회가 [   ] 열렸다.

주제 2 직장

② 아빠가 [   ] 출근했다.

2 아래 꾸밈말이 들어간 문장을 쓰세요.

① 카페에(서)
✎ ……………………………………………………………………

② 학교에(서)
✎ ……………………………………………………………………

③ 학원에(서)
✎ ……………………………………………………………………

공부한 날   월   일

16 '무엇보다'로 꾸미기

4주차 1일

1. 주제를 참고하여 '무엇보다'에 해당하는 꾸밈말을 상상하여 쓰세요.

주제 1 무거운 것

1 책상이 [   ] 무겁다.

주제 2 긴 것

2 버스가 [   ] 길다.

2. 아래 꾸밈말이 들어간 문장을 쓰세요.

1 물보다

✏️ _____

2 강아지보다

✏️ _____

3 아기보다

✏️ _____

공부한 날   월   일

 **17** '무엇이 어떠한'으로 꾸미기

4주차 2일

1. 주제를 참고하여 '무엇이 어떠한'으로 꾸미는 문장을 상상하여 쓰세요.

주제 1   얼굴

① 나는 _____ 얼굴을 가졌다.

주제 2   날씨

② _____ 날씨에 여행을 간다.

2. 아래 꾸밈말이 들어간 문장을 쓰세요.

① 하늘이 파란
✏️ _____

② 엉덩이가 큰
✏️ _____

③ 이가 시린
✏️ _____

공부한 날   월   일

18 '무엇을 어찌한'으로 꾸미기
4주차 3일

1 주제를 참고하여 '무엇을 어찌한'으로 꾸미는 문장을 상상하여 쓰세요.

주제 1 　위인

① 나는 [　　　　　　] 링컨 대통령을 존경한다.

주제 2 　음식

② 어제 친구와 [　　　　　　] 요리를 먹었다.

2 아래 꾸밈말이 들어간 문장을 쓰세요.

① 우유를 마신

✎ --

② 마스크를 쓴

✎ --

③ 운동장을 달리는

✎ --

21

19 예를 들어 설명하기

1. 주제를 참고하여 예를 들어 설명하는 문장을 완성해 보세요.

주제 1 　선물

① 친구에게 줄 수 있는 선물은 여러 가지가 있다.

　　예를 들어, _____ .

주제 2 　휴일에 가고 싶은 곳

② 휴일에 가족과 함께 갈 수 있는 많은 곳이 있다.

　　예를 들어, _____ .

2. 〈보기〉의 주제에 대한 예를 적어 보고, 예를 들어 설명하는 문장을 쓰세요.

> **보기** 　영화
>
> 애니메이션,

_____

_____

공부한 날   월   일

20 빗대어 쓰기

1. 주제를 참고하여 빗대어 쓰는 문장을 완성해 보세요.

주제 1 자동차

① 나는 지난주에 자동차를 샀다.

새로 산 자동차는 _____ 처럼 _____ 다.

주제 2 눈(하늘에서 내리는)

② 크리스마스에 눈이 왔다.

눈은 _____ 처럼 _____ 다.

2. 〈보기〉의 주제와 특징이 비슷한 대상을 적어 보고, 빗대어 표현하는 문장을 만들어 보세요.

| 보기 | 엄마 |

_____
_____
_____

공부한 날   월   일

21 비교나 대조하기

5주차 1일

1. 주제를 참고하여 비교와 대조하는 문장을 완성해 보세요.

주제 　**자동차와 배**

① [비교] 자동차와 배는 모두 _____.

② [대조] 자동차는 _____, 배는 _____.

2. 〈보기〉의 주제에 대한 공통점과 차이점을 적어 보고, 비교와 대조하는 문장을 만들어 보세요.

보기	공통점	차이점
사과		
귤		

✎ _____

_____

24

22 다음에 일어난 일 설명하기

1 주제를 참고하여 다음에 일어날 만한 일을 설명하는 문장을 완성해 보세요.

주제 1 　운동 후

① 나는 수영장에서 접영 연습을 열심히 했다.

　그러고 나서 _____ .

주제 2 　저녁을 먹은 후

② 집에 도착해서 저녁을 맛있게 먹었다.

　그러고는 _____ .

2 〈보기〉에 제시된 일 다음에 무슨 일이 일어났을지 적어 보고, 다음에 일어난 일을 설명하는 문장을 만들어 보세요.

　　보기　늦잠을 잠

해결 방법 설명하기

1. 주제를 참고하여 해결 방법을 설명하는 문장을 완성해 보세요.

주제 1 　추위

① 밤에 자는데, 내 방이 너무 추웠다.

　　이를 해결하기 위해 _____.

주제 2 　더위

② 아이들과 공원에서 축구를 하는데, 날씨가 너무 더웠다.

　　그래서 _____.

2. 〈보기〉의 문제를 해결하기 위해 어떻게 해야 할지 적어 보고, 해결 방법을 설명하는 문장을 만들어 보세요.

> **보기**　양말에 구멍이 남

_____

_____

24 이유 설명하기

5주차 4일

1 주제를 참고하여 이유를 설명하는 문장을 완성해 보세요.

주제 1   동생과 싸움

① 나는 오늘 동생과 심하게 다퉜다.

　왜냐하면 _____ .

주제 2   축하를 받음

② 우리 엄마가 많은 사람에게 축하를 받았습니다.

_____

2 〈보기〉에 제시된 일의 원인은 무엇일지 적어 보고, 이유를 설명하는 문장을 만들어 보세요.

> 보기   박수를 크게 침

_____

_____

25 결과 설명하기

1 주제를 참고하여 결과를 설명하는 문장을 완성해 보세요.

주제 1 　달리기

① 나는 달리기 연습을 열심히 했다.

그래서 _____ .

주제 2 　무서운 꿈을 꿈

② 나는 무서운 꿈을 꾸었습니다.

_____

2 〈보기〉에 제시된 일의 결과는 무엇일지 적어 보고, 결과를 설명하는 문장을 만들어 보세요.

| 보기 | 배가 고픔 |

공부한 날   월   일

 26 비슷하거나 반대되는 문장 쓰기

1 주제를 참고하여 내용이 비슷하거나 반대되는 문장을 완성해 보세요.

주제 1 일기를 씀

① 내 동생은 일기를 썼다.

　　그리고 _____ .

주제 2 소풍을 가기로 함

② 가족과 함께 소풍을 가기로 했습니다.

　　그러나 _____ .

2 〈보기〉에 제시된 문장의 내용과 비슷하거나 반대되는 문장을 만들어 보세요.

보기	비슷한 내용
비가 많이 와서 신발이 다 젖었다.	

보기	반대되는 내용
나는 김치찌개를 좋아한다.	

29

27 분류하기

6주차 2일

1. 주제를 참고하여 분류하는 문장을 완성해 보세요.

주제 1   지역별 도시

1️⃣ 우리나라에는 부산, 광주, 대구, 전주, 울산, 여수 등 많은 도시가 있다.

     이 중 _____ 은(는) 경상도이고, _____ 은(는) 전라도이다.

주제 2   운동 종목

2️⃣ 운동 종목에는 구기 종목, 육상 종목 등이 있습니다.

_____

2. 〈보기〉에 제시된 주제의 종류를 적어 보고, 분류하는 문장을 만들어 보세요.

> **보기**   동물

_____

_____

28 자신의 느낌이나 감정 표현하기

1. 주제를 참고하여 느낌이나 감정을 표현하는 문장을 완성해 보세요.

주제 1 전학을 가게 됨

1 아빠의 직장 이전 때문에 전학을 가게 되었다.

_____

주제 2 할머니 댁에 가려고 함

2 이번 방학에는 할머니 댁에 가려고 합니다.

_____

2. 〈보기〉에 제시된 일에 대한 자신의 느낌이나 감정을 적어 보고, 느낌이나 감정을 표현하는 문장을 만들어 보세요.

> **보기** 연극에서 주인공을 맡음

_____

29 나의 얼굴

◆ 〈보기〉를 참조하여 다음 질문에 알맞은 답을 한 문장씩 적어 보세요.

1 나의 얼굴은 누구와 닮았는지 적어 보세요.

> 보기 나의 얼굴은 엄마를 닮았다.

2 특히 어떤 부분이 닮았는지 적어 보세요.

> 보기 엄마의 진한 눈썹과 큰 눈을 특히 닮았다.

3 닮은 얼굴을 보면 어떤 느낌이나 감정이 드는지 적어 보세요.

> 보기 엄마와 닮은 내 얼굴을 보면 무척 신기하다.

위에 쓴 문장을 연결하여 읽어 보고 고칠 것은 없는지 생각해 보세요.
나의 얼굴에서 어떤 점이 마음에 드는지 부모님과 함께 이야기 나누어 보세요.

공부한 날   월   일

 30 날씨

◆ 〈보기〉를 참조하여 다음 질문에 알맞은 답을 한 문장씩 적어 보세요.

1 내가 가장 좋아하는 날씨는 무엇인지 적어 보세요.

> 보기   나는 비 오는 날이 가장 좋다.

2 그 날씨를 좋아하는 이유를 적어 보세요.

> 보기   비가 오면 온 세상의 먼지가 씻겨 내려가는 기분이기 때문이다.

3 위의 이유 외에 다른 이유가 있으면 적어 보세요.

> 보기   그리고 비가 오면 마음이 차분해지는 기분이다.

 위에 쓴 문장을 연결하여 읽어 보고 고칠 것은 없는지 생각해 보세요.
내가 가장 좋아하는 날씨에 무엇을 하고 싶은지 부모님과 함께 이야기 나누어 보세요.

31 운동 경기

◆ ⟨보기⟩를 참조하여 다음 질문에 알맞은 답을 한 문장씩 적어 보세요.

1 가족과 함께 운동 경기를 보러 간 경험이 있는지 적어 보세요.

> 보기   나는 아빠와 함께 야구 경기를 관람했다.

2 운동 경기를 관람하면서 가장 인상 깊었던 일을 적어 보세요.

> 보기   내가 응원하는 팀이 지고 있었는데 끝내기 홈런으로 역전승했다.

3 앞으로 운동 경기와 관련하여 자신이 하고 싶은 일을 적어 보세요.

> 보기   앞으로 한 달에 한 번은 꼭 야구 경기를 관람하고 싶다.

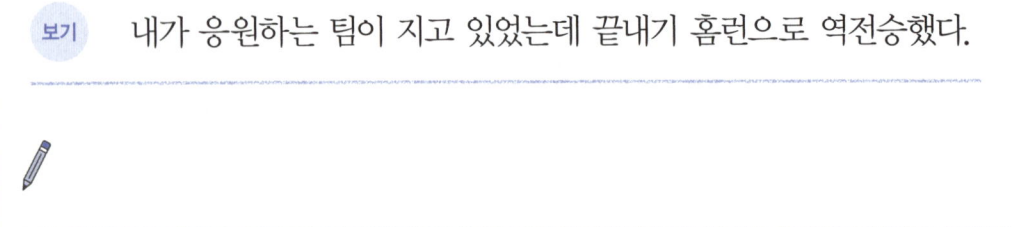

위에 쓴 문장을 연결하여 읽어 보고 고칠 것은 없는지 생각해 보세요.
운동 경기를 하면서 지켜야 할 예절에 대해서 부모님과 함께 이야기 나누어 보세요.

32 동물

◆ 〈보기〉를 참조하여 다음 질문에 알맞은 답을 한 문장씩 적어 보세요.

1 자신이 본 동물 중 가장 기억에 남는 동물은 무엇인지 적어 보세요.

> 보기   나는 동물 중에서 TV에 나왔던 판다가 가장 기억에 남는다.

2 기억에 남는 이유가 무엇인지 적어 보세요.

> 보기   판다가 대나무를 엄청나게 많이 먹는 장면이 무척 인상 깊었다.

3 그 동물이 앞으로 어떻게 살았으면 좋겠는지 적어 보세요.

> 보기   앞으로 판다가 건강하게 오래 살았으면 좋겠다.

위에 쓴 문장을 연결하여 읽어 보고 고칠 것은 없는지 생각해 보세요.
키우고 싶은 애완동물과 그 동물을 키우고 싶은 이유를 부모님과 함께 이야기 나누어 보세요.

 # 33 친구

◆ 〈보기〉를 참조하여 다음 질문에 알맞은 답을 한 문장씩 적어 보세요.

1 친구와 함께 하고 싶은 일이 있는지 적어 보세요.

> 보기　이번 주말에 친구와 함께 영화를 보러 가야겠다.

2 친구와 함께 그 일을 하기 위해 자신이 어떻게 해야 하는지 적어 보세요.

> 보기　친구에게 함께 영화 보러 갈 수 있는지 물어봐야겠다.

3 친구와 함께 그 일을 할 수 있다면 어떻게 행동하고 싶은지 적어 보세요.

> 보기　친구와 팝콘과 콜라를 먹으면서 즐겁게 영화를 관람하고 싶다.

 위에 쓴 문장을 연결하여 읽어 보고 고칠 것은 없는지 생각해 보세요.
친구와 오래도록 친하고 싶다면 어떻게 행동해야 할지 부모님과 함께 이야기 나누어 보세요.

34 존경하는 위인

◆ 〈보기〉를 참조하여 다음 질문에 알맞은 답을 한 문장씩 적어 보세요.

1 자신이 존경하는 위인이 무슨 일을 했는지 적어 보세요.

> 보기   이순신 장군이 12척의 배로 왜군을 물리쳤다.

2 존경하는 위인과 비슷한 일을 한 위인이 있다면 적어 보세요.

> 보기   그리고 을지문덕 장군은 살수대첩으로 수나라 대군을 물리쳤다.

3 존경하는 위인을 볼 때 어떤 생각이 드는지 적어 보세요.

> 보기   나는 이러한 장군들처럼 나라에 위급한 일이 있을 때 용감하게 싸우겠다.

 위에 쓴 문장을 연결하여 읽어 보고 고칠 것은 없는지 생각해 보세요.
위인들은 나라를 위해 어떻게 그런 행동을 할 수 있었을지 부모님과 함께 이야기 나누어 보세요.

공부한 날   월   일

35 나의 고민

◆ 〈보기〉를 참조하여 다음 질문에 알맞은 답을 한 문장씩 적어 보세요.

1 엄마나 아빠와의 사이에 생긴 고민이 있다면 무엇인지 적어 보세요.

> 보기 나는 수영장에 가고 싶었지만 아빠는 축구장에 가자고 했다.

2 그러한 고민을 어떻게 해결했는지 적어 보세요.

> 보기 내가 한 걸음 양보해서 결국 축구장에 갔다.

3 고민이 해결된 후에 자신의 마음이 어떠했는지 적어 보세요.

> 보기 축구장에 가서 즐거웠지만, 수영장에 가지 못해서 조금 아쉬웠다.

 위에 쓴 문장을 연결하여 읽어 보고 고칠 것은 없는지 생각해 보세요.
고민을 해결한 경우나 해결하지 못한 경우에 어떤 마음이 들었는지 부모님과 함께 이야기 나누어 보세요.

36 여행하고 싶은 나라

◆ 〈보기〉를 참조하여 다음 질문에 알맞은 답을 한 문장씩 적어 보세요.

1 드라마나 영화에서 본 나라나 도시 중 가보고 싶은 장소를 적어 보세요.

> 보기 나는 영화 〈라따뚜이〉의 배경인 파리에 가보고 싶다.

2 드라마나 영화에서 그 나라나 도시를 어떻게 묘사했는지 적어 보세요.

> 보기 그 영화에서 파리는 아름답고 맛있는 음식이 많은 도시로 묘사되고 있다.

3 그 나라나 도시에 가서 무엇을 하고 싶은지 적어 보세요.

> 보기 나도 파리에 가서 유명한 요리사의 맛있는 음식을 직접 맛보고 싶다.

 위에 쓴 문장을 연결하여 읽어 보고 고칠 것은 없는지 생각해 보세요.
다른 나라나 도시에 가서 조심해야 할 안전이나 예절 수칙은 무엇인지 부모님과 함께 이야기 나누어 보세요.

공부한 날   월   일

 **37 장래 희망**

◆ 〈보기〉를 참조하여 다음 질문에 알맞은 답을 한 문장씩 적어 보세요.

1 '장래 희망'이란 무엇을 의미하는지 적어 보세요.

> 보기   장래 희망은 장차 내가 가지고 싶은 직업을 말한다.

2 '장래 희망'을 선택할 때 주의할 점을 적어 보세요.

> 보기   장래 희망을 선택할 때 내가 그 일을 좋아하는지 생각해야 한다.

3 '장래 희망'을 이루기 위해 어떻게 해야 하는지 적어 보세요.

> 보기   또, 장래 희망을 이루기 위해 끊임없이 노력해야 한다.

 위에 쓴 문장을 연결하여 읽어 보고 고칠 것은 없는지 생각해 보세요.
자신의 장래 희망을 이루기 위해 어떤 노력을 해야 하는지 부모님과 함께 이야기 나누어 보세요.

공부한 날   월   일

38 휴일에 가고 싶은 곳
8주차 3일

◆ 〈보기〉를 참조하여 다음 질문에 알맞은 답을 한 문장씩 적어 보세요.

1 지난 주말에 어디에 다녀왔는지 적어 보세요.

> 보기 나는 지난 주말에 부모님과 함께 마트에 다녀왔다.

2 거기에 가서 무엇을 했는지 적어 보세요.

> 보기 마트에서 여러 가지 음식 재료를 사고, 내가 좋아하는 과자도 샀다.

3 이번 주말에는 어디서, 무엇을 하고 싶은지 적어 보세요.

> 보기 이번 주말에는 가족과 함께 놀이공원에 가서 재미있게 놀고 싶다.

위에 쓴 문장을 연결하여 읽어 보고 고칠 것은 없는지 생각해 보세요.
가고 싶은 곳에 가서, 서로가 지켜야 할 예절은 무엇인지 부모님과 함께 이야기 나누어 보세요.

 **39 생일**

◆ 〈보기〉를 참조하여 다음 질문에 알맞은 답을 한 문장씩 적어 보세요.

1 생일날, 기억나는 일이 있다면 적어 보세요.

> 보기   유치원에서 친구들이 축하해 주었던 내 생일 파티가 기억에 남는다.

2 그 생일날에 무슨 일이 있었는지 적어 보세요.

> 보기   유치원 친구들이 생일 축하 노래를 큰 소리로 불러 주었다.

3 그 생일날에 또 무슨 일이 있었는지 적어 보세요.

> 보기   또, 선생님과 친구들이 생일 축하 카드를 써서 내게 주었다.

위에 쓴 문장을 연결하여 읽어 보고 고칠 것은 없는지 생각해 보세요.
이 땅에 나를 태어나게 해주신 부모님께 감사 인사를 해 보세요.

공부한 날   월   일

 **40 음식**

◆ 〈보기〉를 참조하여 다음 질문에 알맞은 답을 한 문장씩 적어 보세요.

1 맛없게 먹었던 음식이 있는지 적어 보세요.

> 보기   어제 엄마가 해주신 떡볶이를 먹었는데, 맛이 별로 없었다.

2 왜 그 음식이 맛이 없었는지 적어 보세요.

> 보기   왜냐하면 떡볶이의 떡이 너무 질기고 싱거웠기 때문이다.

3 그 이후에 어떻게 했는지 적어 보세요.

> 보기   하지만 엄마가 애써 만들어 주신 음식이라 즐겁게 다 먹었다.

 위에 쓴 문장을 연결하여 읽어 보고 고칠 것은 없는지 생각해 보세요.
음식을 만드는 데 어떤 노력이 필요한지 부모님과 함께 이야기 나누어 보세요.

전국의 초등학교 선생님들로부터 극찬을 받고 있는 초등 글쓰기 입문 교재의 정석!

<초등 글쓰기 무작정 따라하기 : 첫걸음 편>을 소개합니다.

글쓰기의 기초를 단단하게 다질 수 있어요.

'터를 닦아야 집을 짓는다.'는 속담처럼 기초가 탄탄해야 다음 일을 잘 할 수 있다. 이 교재는 글쓰기의 터를 다질 수 있도록 문장의 재료를 익히는 것부터 실전 문장 쓰기까지의 과정을 체계적으로 담았다. 이 교재를 통하여 글쓰기 기초를 단단히 다지는 연습을 할 수 있을 것이다.

― 경기 안산서초등학교 교사 박미영

탄탄한 문장 구성 능력을 기를 수 있어요.

신선한 재료가 맛있는 음식의 바탕이 되듯이 좋은 글을 쓰기 위해서는 좋은 문장을 구성할 줄 알아야 한다. 이 책을 따라서 연습한 어린이는 문장 구성의 기본 요소와 다양한 유형의 문장 꾸미기를 익혀 탄탄한 문장 구성 능력을 기를 수 있을 것이다.

― 경기 수영초등학교 교사 이승희

기본을 강조한 글쓰기 교재예요.

"기본이 서면 나아갈 길이 생긴다." 기초를 강조한 논어 속의 글이다. 이 교재는 무엇을 써야 할지 모르는 학생들에게 기본을 강조한 책이다. 글쓰기의 첫발을 내디딘 어린이들은 이 책과 함께 반짝반짝 빛나는 생각을 차근차근 글로 써 내려 가며 무럭무럭 자랄 것이다.

― 서울 언주초등학교 교사 이희철

생각하는 힘이 쑥쑥 자라나요.

글쓰기는 생각하는 힘을 길러주는 효과적인 도구이다. 우리가 알고 있는 많은 위인들이 독서와 글쓰기로 생각하는 힘을 길렀다고 한다. 아이들도 이 책을 따라가다 보면 쉬운 문장부터 익힐 수 있고, 그와 함께 글 솜씨와 생각하는 힘이 쑥쑥 자라날 것이다.

― 인천 청량초등학교 교사 박원실

글쓰기의 첫발을 부담 없이 내디딜 수 있어요.

첫 문장 쓰기를 주저하는 아이들에게 이 교재는 글쓰기의 첫발을 부담 없이 내디딜 수 있도록 안내한다. 아이가 막 걸음마를 시작하듯 책을 따라 쓰다 보면 마지막 장에서 아이가 글쓰기 운동장에서 마음껏 문장 짓기를 하며 뛰노는 모습을 기대할 수 있을 것이다.

― 경기 향동초등학교 교사 이현우

글쓰기 천 리 길의 좋은 한 걸음이 될 거예요.

글쓰기에 어려움을 겪는 아이들을 보면, '어디서부터 시작할지 모르겠어요.'라고 말하는 경우가 많다. '천 리 길도 한 걸음부터'라는 말이 있듯이 글쓰기를 막막해하거나 잘 하고 싶은 아이에게 이 교재는 글쓰기라는 '천 리 길'을 시작하는 좋은 '한 걸음'이 되어 줄 것이다.

― 서울 구룡초등학교 교사 정혜린

73700

정가 12,800원

초등 글쓰기 무작정 따라하기 : 첫걸음 편
The Cakewalk Series : The First Step in Writing for Elementary School Students

ISBN 979-11-6406-390-1